B

COLLECTION POÉSIE

RABINDRANATH TAGORE

L'Offrande lyrique

TRADUIT DE L'ANGLAIS
PAR ANDRÉ GIDE
ET SUIVI DE

La Corbeille de fruits

TRADUIT DE L'ANGLAIS
PAR HÉLÈNE DU PASQUIER

Introduction d'André Gide

GALLIMARD

L'Offrande lyrique

(Gitanjali)

INTRODUCTION

Quand le temps ne me manquerait pas, c'est le cœur qui me manquerait devant l'amoncellement des gros livres de l'Inde antique ; devant cette littérature dont Paul de Saint-Victor écrivait habilement que « le dérèglement est sa règle ».

« Entre l'esprit européen et celui de l'Inde, disait-il encore, se dressent cent millions de dieux monstrueux. »

Ce que j'admire dans le Gitanjali c'est d'abord qu'il est tout petit. Ce que j'admire dans le Gitanjali, c'est qu'il n'est encombré d'aucune mythologie. Ce que j'admire dans le Gitanjali c'est que point n'est besoin de préparation pour le lire. — Et sans doute il peut être intéressant de constater par où ce livre se rattache aux traditions de l'Inde antique ; mais il est bien plus intéressant de considérer par où il s'adresse à nous.

Désireux de ne réserver que des louanges je commencerai par signaler le grave défaut de ce livre : si petit qu'il soit, il est mal composé. Je n'entends pas par là qu'il échappe à nos rythmes occidentaux, à nos mètres, à nos mesures. Non ; mais une petite note imprimée à la fin du livre nous en avertit : le Gitanjali est fait de pièces et de morceaux — de pièces et de morceaux disparates. Les divers poèmes qui forment la matière du volume parurent primitivement en bengali dans trois livres distincts : le Naïvedya, *le* Kheya *et le* Gitanjali — *qui prêtera son titre à la guirlande. D'autres poèmes, qui parurent encore, de-ci de-là, dans des revues, sont là, semés comme au hasard, éparpillés au travers des autres suites qu'ils interrompent, déroutant l'esprit comme à plaisir.*

De sorte qu'il n'était pas besoin de cette note pour dénoncer l'hétérogénéité du Gitanjali; *elle saute aux yeux vraiment et d'une manière qui peut choquer d'abord — pour devenir peut-être assez amusante dans la suite.*

Oui, j'aime que l'auteur ait été, semble-t-il, pris au dépourvu. A l'âge de cinquante-quatre ans, sur les instances de quelques amis, lui, si célèbre sur les bords du Gange, il se décide à donner une version anglaise de ses poèmes — et voici qu'il n'en a pas assez pour emplir d'un coup le volume.

N'est-il pas plaisant de voir, pour une fois, le flot monstrueux de l'Inde énorme s'y reprendre à trois fois, à quatre, à cinq fois pour emplir l'étroite coupe que lui tend l'éditeur anglais!

Après les 214 778 vers du Mahabharata, *les 48 000 vers du* Ramayana, *quel soulagement! Ah! combien je sais gré à l'Inde, grâce à Rabindranath Tagore* [1] *de pécher enfin par défaut — et combien ne gagnons-nous pas à cet échange de la longueur pour la qualité, du poids par quantité contre le poids par densité. Car des cent trois petits poèmes qui composent le* Gitanjali *presque chacun est d'un poids admirable.*

Je reviens à leur diversité. Mais comme mon désir est de réduire celle-ci de plus en plus, écartant peu à peu les

1. Prononcez : Robindronath Togore.

éléments adventices pour ne parler bientôt plus que du centre
même du livre et de son cœur exquis — je dirai d'abord
quelques mots des autres écrits de Tagore :

Depuis l'apparition du Gitanjali, *deux autres volumes*
de poèmes ont paru — l'un,· The Crescent Moon, *est*
un recueil de pièces enfantines ou de pièces concernant les
enfants. Nous y retrouvons trois des poèmes du Gitanjali
— non des meilleurs, mais de ceux qui, ces temps derniers,
furent les plus cités (poèmes 60, 61 et 62).

Un autre volume, The Gardener, *a paru en novembre*
dernier. C'est une suite de poèmes, sinon précisément de
jeunesse — du moins d'une époque antérieure, antérieure
de beaucoup, dit la préface, à ceux du Gitanjali. *Ce recueil*
est très inégal ; mais, parmi de moins bonnes pièces, scin-
tillent quelques poèmes d'amour — non point d'amour
divin comme ceux, les plus beaux, du Gitanjali *— mais*
d'amour humain, charnel même, dirai-je — encore que
d'une qualité quasi mystique, si particulière que je ne résiste
pas au plaisir de vous en citer un :

Je serre ses mains ; je la presse contre ma poitrine.
J'essaie d'emplir mes bras de sa beauté, de piller avec
mes baisers son sourire, de boire avec mes yeux ses regards.
Hélas ! mais où est tout cela ? Qui peut forcer l'azur
du ciel ?
J'essaie d'étreindre la beauté : elle m'élude, ne laissant
que le corps entre mes mains.
Confus et lassé, je retombe.
Comment pourrait le corps toucher la fleur que seule
l'âme peut toucher ?

D'autres poèmes de ce livre, en plus grand nombre,
sont d'une veine très différente. Ce sont des pièces sensiblement
plus longues, qui, au lieu d'exprimer directement l'émotion,
l'écartent de nous et la juchent sur une sorte de tréteau,

de scène, où elle est jouée, interprétée au cours d'une affabulation légère — et même parfois dialoguée. Quelques-unes des poésies, sans doute les moins réussies, du Gitanjali, dérivent encore de cette source — que, pour ma part, je l'avoue, il m'arrive de ne pas goûter beaucoup. Ce monnayage de la sagesse ou de l'émotion en menus apologues, n'est pas toujours heureux. Certains de ceux-ci vont retrouver plutôt dans mon esprit, assez fâcheusement, le souvenir des contes du chanoine Schmidt.

A cette série se rattachent les poèmes 51 et 31 par exemple, et une pièce mystérieuse où il est question de guerriers, d'armures, de flèches ; pièce assez mal venue, mise dans ce recueil on ne sait trop pourquoi (peut-être uniquement pour le grossir) et que, pour ma part, je verrais tomber sans peine. Par contre, je ne me séparerais pas volontiers des deux apologues que voici (poèmes 78 et 50) :

Quand la création était neuve et que les étoiles brillaient toutes dans leur première splendeur, les dieux tinrent leur assemblée dans le ciel et chantèrent : « Ô tableau de perfection! joie sans mélange! »
Mais l'un des dieux cria soudain : « Il semble qu'il y ait quelque part un laps dans cette chaîne de clarté et qu'une des étoiles se soit perdue. »
La corde d'or de leurs harpes rompit : leur chant s'arrêta, et dans l'épouvante ils pleurèrent : « Certes elle était la plus belle, cette étoile perdue, et la gloire de tous les cieux! »
Depuis ce jour on la cherche sans cesse et la lamentation de l'un à l'autre se transmet : « Avec elle le monde aura perdu sa seule joie! »
Cependant, dans le profond silence de la nuit, les étoiles sourient et murmurent entre elles : « Vaine est cette recherche! Une perfection ininterrompue est partout! »

Le polythéisme subit de ce poème, unique dans le Gitanjali, déconcerte au premier abord — polythéisme apparent, *non réel — il ne surprendra pas sans doute ceux qui se souviennent de l'admirable strophe du* Rig-Véda, *le livre le plus ancien de l'Inde ancienne, écrit dans une langue qui n'était pas encore le sanscrit.*

« Qui connaît ces choses? Qui peut parler d'elles? D'où viennent les êtres? Quelle est cette création? Les dieux aussi ont été enfantés par Lui. Mais Lui, qui sait comment il existe? »

Voici le second apologue :

J'étais allé, mendiant de porte en porte, sur le chemin du village lorsque ton chariot d'or apparut au loin pareil à un rêve splendide et j'admirais quel était ce Roi de tous les rois!

Mes espoirs s'exaltèrent et je pensais : c'en est fini des mauvais jours, et déjà je me tenais prêt dans l'attente d'aumônes spontanées et de richesses éparpillées partout dans la poussière.

Le chariot s'arrêta là où je me tenais. Ton regard tomba sur moi et tu descendis avec un sourire. Je sentis que la chance de ma vie était enfin venue. Soudain, alors, tu tendis ta main droite et dis : « Qu'as-tu à me donner? »

Ah! quel jeu royal était-ce là de tendre la main au mendiant pour mendier! J'étais confus et demeurai perplexe; enfin, de ma besace, je tirai lentement un tout petit grain de blé et te le donnai.

Mais combien fut grande ma surprise lorsque, à la fin du jour, vidant à terre mon sac, je trouvai un tout petit grain d'or parmi le tas de pauvres grains. Je pleurai amèrement alors et pensai : « Que n'ai-je eu le cœur de te donner mon tout! »

Cette poésie se rattache, d'autre part, à une longue suite dont je vous reparlerai bientôt — que l'on pourrait détacher du Gitanjali *comme on pourrait détacher du* Buch der lieder *de Heine, la suite de* Heimkher *ou les* Lyrisches Intermezzo, *et auquel on donnerait volontiers le titre* un peu suranné de la poésie de Musset — L'espoir en Dieu — ou plus proprement encore L'attente de Dieu.

Il semble que ce soit la mise en poèmes, en chansons, le monnayage d'un des deux drames de Tagore. Le premier de ces deux drames, œuvre de première jeunesse, était inspiré du Mahabharata — le second, celui qui nous intéresse et qui me paraît de la même inspiration que cette suite de poèmes, est tout moderne en apparence. Il s'appelle : The Post Office. Nous y voyons un enfant malade, que soutient l'anxieux espoir, l'attente d'une lettre du roi. L'enfant est assis à sa fenêtre et interpelle les passants, qui commencent à causer avec lui, contre leur gré d'abord ; mais bientôt la conversation enfantine les délivre de leurs soucis, sans même que bien précisément ils s'en doutent, de sorte qu'ils s'en retournent réconfortés. Cette lettre qu'attend l'enfant doit venir, doit toujours venir et n'arrive jamais. Mais comme l'enfant va mourir, le roi lui-même se présente enfin devant lui. Il ne se nomme pas, mais l'enfant cependant le reconnaît.

On imagine volontiers le petit poème que voici, écrit comme en marge de cet étrange drame.

Ceci est mon délice d'attendre et d'épier ainsi sur le bord de la route où l'ombre poursuit la lumière, et la pluie vient sur les traces de l'été.

Des messagers, avec des nouvelles d'autres cieux, me saluent et se hâtent le long de la route. Mon cœur exulte au-dedans de moi, et l'haleine de la brise qui passe est douce.

De l'aube au crépuscule, je reste devant ma porte ; je sais que soudain l'heureux moment viendra où je verrai.

Cependant je souris et je chante, tout solitaire. Cependant l'air s'emplit du parfum de la promesse.

Dans la suite de poèmes, dont fait partie celui-ci, toutes les formes de l'attente, tous les modes plutôt de l'attente, sont exprimés — et certaines strophes frémissent d'une

intime musique qui me fait tour à tour penser à quelque
mélodie de Schumann ou à tel arie *d'une cantate de Bach*
(poèmes 45, 46, 47 et 40).

Par instants il semble presque que l'attente soit amoureuse ;
puis aussitôt la voici qui redevient mystique éperdument
(poème 41).

Dans quelques-uns de ces poèmes un pronom féminin
vient tout à coup nous avertir que c'est une femme qui parle.
Mais comme rien n'indique où commence et où s'arrête
cette suite, et qu'en anglais le genre, le sexe de la personne
qui parle — de la première personne, peut rester plus long-
temps, plus constamment caché qu'en français où les accords
grammaticaux sont plus nombreux, — le traducteur se trouve
parfois embarrassé. La vérité c'est que le chant est ici celui
de l'âme même, asexuée.

Au petit matin un bruissement a dit que nous allions nous
embarquer, toi seulement et moi, et qu'aucune âme au
monde, jamais ne saurait rien de notre pèlerinage sans fin
ni but.

Sur cet océan sans rivages, à ton muet sourire attentif,
mes chants s'enfleraient en mélodies, libres comme les
vagues, libres de l'entrave des paroles.

N'est-il pas temps encore ? Que reste-t-il à faire ici ?
Vois, le soir est descendu sur la plage et dans la défaillante
lumière l'oiseau de mer revole vers son nid.

N'est-il pas temps de lever l'ancre ? Que notre barque
avec la dernière lueur du couchant s'évanouisse enfin dans
la nuit.

Car vous entendez bien que le voyage dont il s'agit ici
est un voyage mystique — ou peut-être celui qui faisait
dire à Baudelaire :

Ô Mort, vieux capitaine, il est temps ! levons l'ancre !

et qui, dans un sentiment bien peu baudelairien du reste,
va tout à l'heure inspirer à Tagore ses chants les plus étranges
et les plus beaux.

Nous voici parvenus bientôt au cœur même du livre. À
force d'avoir écarté les pièces d'alentour, je n'ai presque
plus devant moi, en plus des poèmes de l'adieu à la vie,
que les poèmes métaphysiques.
Pourtant, avant de parler de ceux-ci, je voudrais lire
encore deux hymnes à la lumière — si beaux qu'ils ne se
laissent pas oublier — séparés dans le volume, mais qu'il
semble assez naturel de rapprocher.

Lumière! Où est la lumière? Qu'elle s'anime au feu ruti
lant du désir!
Voici la lampe, mais sans jamais le vacillement d'une
flamme — est-ce là ton destin, mon cœur? La mort, ah
pour toi serait de beaucoup préférable.
La misère frappe à ta porte; son message est que ton
maître est de veille et qu'il t'appelle au rendez-vous d'amour
à travers l'obscurité de la nuit
Le ciel est encombré de nuages et la pluie ne cesse pas
Je ne sais ce que c'est qui se soulève en moi; je ne sais que
cela veut dire.
La lueur soudaine d'un éclair ramène sur ma vue une
ténèbre plus profonde, et mon cœur cherche à tâtons le
sentier vers où la musique de la nuit m'appelle.
Lumière, ah! où est la lumière? Qu'elle s'anime au feu
rutilant du désir! Il tonne et le vent bondit en hurlant à
travers l'espace. La nuit est noire comme l'ardoise. Ne laisse
pas les heures s'écouler dans l'ombre. Anime avec la vie la
lampe de l'amour.

*

Lumière! ma lumière! lumière emplissant le monde
lumière baiser des yeux, douceur du cœur, lumière!
Ah! la lumière danse au centre de ma vie! Bien-aimé
mon amour retentit sous la frappe de la lumière. Les cieux

16

s'ouvrent; le vent bondit; un rire a parcouru la terre.

Sur l'océan de la lumière, mon bien-aimé, le papillon ouvre son aile. La crête des vagues de lumière brille de lys et de jasmins.

La lumière, ô mon bien-aimé, brésille l'or sur les nuées; elle éparpille à profusion les pierreries.

Une jubilation s'étend de feuille en feuille, ô mon amour! une aise sans mesure. Le fleuve du ciel a noyé ses rives; tout le flot de joie est dehors.

Certainement ces deux pièces se répondent. Je dis qu'il est naturel de les rapprocher — mais non : elles sont bien chacune à sa place; la première pleine d'angoisse encore parmi les poèmes de l'âme inquiète, attentive et passionnée, de l'âme qui cherche encore Dieu comme en deçà de l'apparence, qui, donc, n'a pas atteint la communion parfaite — la seconde : chant triomphant de l'âme exultante et débordée par Dieu.

*Quel est donc le secret de cette joie frémissante qui ruisselle et scintille comme l'eau, qui luit et chauffe comme le jour? Quelle est cette vérité qui tout à la fois nourrit l'âme et l'enivre? Est-ce le fruit de la philosophie des brahmanes? Est-ce le culte de Vischnou? Non : c'est l'*amour *de cette philosophie, c'est l'*amour *de cette religion. Car, dit-il, dans la préface du livre où l'on a recueilli ses leçons :*

Pour les Occidentaux qui étudient les vénérables écrits religieux de l'Inde, ces textes ne paraissent présenter qu'un intérêt purement rétrospectif et archéologique, mais pour nous ils sont d'une vitale importance.

Ce que j'admire ici, ce qui m'emplit de larmes et de rires, c'est l'animation passionnée de cette poésie, qui fait de l'enseignement brahmanique — qu'on eût pu croire si intellectuel, si abstrait — quelque chose de frémissant, de pantelant,

à la manière d'une phrase du Mystère de Jésus *de Pascal —
mais ici frémissant de joie.*

Que tous les accents de la joie se mêlent dans mon chant
suprême — la joie qui fait la terre s'épancher dans l'intempérante profusion de l'herbe; la joie qui sur le large monde
fait danser mort et vie jumelles; la joie qui précipite la
tempête — et alors un rire éveille et secoue toute vie; la
joie qui repose quiète parmi les larmes dans le rouge calice
du lotus douleur; et la joie enfin qui jette dans la poussière
tout ce qu'elle a et ne sait rien.

*Cette joie naît toute naturelle au sentiment de la vie
universelle, au sentiment de la participation à cette vie.*

Le même fleuve de vie qui court à travers mes veines
nuit et jour court à travers le monde et danse en pulsations
rythmées.
C'est cette même vie qui pousse à travers la poudre de la
terre sa joie en innombrables brins d'herbe, et éclate en
fougueuses vagues de feuilles et de fleurs.
C'est cette même vie que balancent flux et reflux dans
dans l'océan-berceau de la naissance et de la mort.
Je sens mes membres glorifiés au toucher de cette vie
universelle. Et je m'enorgueillis, car le grand battement de
la vie des âges, c'est dans mon sang qu'il danse en ce
moment.

*Et d'abord nous ne voyons ici qu'un sentiment quasi
panthéistique; celui dont nous trouvons déjà l'expression
admirable dans le monologue du réveil qui ouvre le second*
Faust :

Les pulsations de la vie battent avec une vivacité nouvelle
pour saluer pieusement l'aube éthérée; toi aussi, Terre,
en cette nuit tu es restée la même, et tu respires nouvelle-
ment rafraîchie à mes pieds, tu commences déjà à m'environ-
ner de volupté; tu excites, tu émeus en moi une puissante

résolution de continuer toujours mon effort vers la plus haute existence...

Bien plus, Faust lui-même, à la fin de ce monologue, contemplant la cascade qui ruisselle de la montagne, dira :

De chute en chute elle roule, se répandant à tout instant en mille et mille courants, faisant siffler haut dans les airs écume sur écume. Mais avec quelle majesté, naissant de cette tempête, se recourbe la changeante durée de l'arc, aux couleurs variées, tantôt purement dessiné, tantôt se dissipant dans l'air, répandant alentour une fraîche et vaporeuse ondée! C'est ici le miroir de l'énergie humaine. Penses-y, et tu saisiras plus nettement : ce reflet coloré nous représente la vie.

Et c'est bien à peu près là — ce reflet coloré — ce que la philosophie hindoue appellera Maya. *Mais la joie qu'enseigne Tagore, c'est au-delà précisément de la Maya qu'il la trouve ; et c'est tant qu'il cherchait son Dieu en deçà du reflet coloré, du mouvant rideau des phénomènes que son âme restait altérée.*

Le jour que la fleur de lotus s'ouvrit, hélas! mon esprit errait à l'aventure et je ne le sus pas. Ma corbeille était vide et la fleur resta délaissée.

Mais parfois et encore une tristesse s'abattait sur moi : je m'éveillais en sursaut de mon songe et sentais la suave trace d'une étrange fragrance dans le vent du sud.

Cette vague douceur faisait mon cœur malade de désir; il me semblait reconnaître l'ardente haleine de l'été s'efforçant vers sa perfection.

Je ne savais pas alors que c'était si près, que c'était mien, et que cette suavité parfaite s'était épanouie au profond de mon propre cœur.

Lors même que je serais plus qualifié pour le faire, je

19

ne tenterais pas d'exposer, si sommairement que ce soit, la
philosophie de Tagore ; d'autant moins que Tagore se
défend d'apporter quelque changement, quelque innovation
que ce soit à la philosophie contenue dans les Upanishads
et que, donc, rien n'est moins neuf. Aussi bien n'est-ce pas
cette philosophie que j'admire ici, mais bien l'émotion qui
l'anime et l'art exquis par quoi Tagore va l'exprimer.

Tagore sait que Dieu a besoin de lui. Il se compare
entre les mains de Dieu à cette flûte de roseau que lui, poète
anime de son souffle — « Mon poète », dit-il à Dieu, ou
encore « Maître poète » — un maître poète dont il est, lui
dont l'homme est la vivante poésie. « Que seulement, dit-il,
je fasse de ma vie une chose simple et droite, pareille à une
flûte de roseau que tu puisses emplir de musique. »

C'est par sa création, c'est en sa créature que Dieu prend
conscience de soi. Que lui, Tagore, soit la conscience de
Dieu, qu'il est la conscience de Dieu — c'est cette pensée
qui anime les poésies les plus parfaites (poèmes 61 et 65)

Parfaites celles encore où la Maya se définit, s'explique
et s'entrouvre pour laisser voir le cœur même de la sagesse
(poèmes 71 ou 68).

Dans les leçons de Tagore qu'on vient de réunir en volume
sous ce titre : Sadhana, il est plus d'un passage qui peut
servir de commentaire à ces poèmes. Vers la fin du chapitre inti-
tulé : « Réalisation dans l'amour », nous lisons, par exemple :

Ne semble-t-il pas merveilleux, en vérité, que la nature
ait à la fois et en même temps ces deux aspects antithétiques
l'un d'esclavage, l'autre de liberté.

La nature présente travail et effort d'une part, loisir de
l'autre.

Extérieurement, elle s'active sans répit ; intimement, elle
est toute silence et paix.

N'est-ce pas la signification de cette pièce étrange :

Tu es le ciel et tu es le nid aussi bien.
Ô toi plein de beauté! ici, dans le nid des couleurs, des sons et des parfums, c'est ton amour qui enclôt l'âme.
Voici venir le matin, avec une corbeille d'or à la main droite, que charge la guirlande de beauté dont il va sans bruit parer la terre.
Et voici venir, par de vierges sentiers, le soir sur les pacages solitaires et qu'ont désertés les troupeaux; il apporte dans sa cruche d'or le frais breuvage de la paix, flot de l'océan du repos, pris à la rive occidentale.
Mais là, là où s'éploie le ciel infiniment afin que l'âme s'y essore, là règne intacte et blanche la splendeur. Il n'est plus là ni nuit ni jour, ni formes ni couleurs, et ni paroles, ni paroles.

Tous les poèmes dont je viens de parler sont inspirés encore par le sentiment de cette dualité, dualité que commente ingénieusement ce charmant passage du Sadhana :

Voyez, par exemple, la fleur. Si charmante qu'elle paraisse, elle est pressée de rendre un grand service. Sa forme et sa couleur ne sont qu'appropriées à son emploi. Elle doit mener à bien le fruit, sous peine d'interrompre la continuité de la vie de la plante et de laisser la terre prendre bientôt l'aspect du désert. La couleur de la fleur et son parfum ne sont que raison de cela; elle n'est pas plutôt fécondée par l'abeille, que voici venir le temps du fruit, que voici tomber ses délicats pétales et qu'une économie cruelle la contraint de résigner son doux parfum. Plus aucun loisir ne lui reste pour étaler au soleil sa parure; elle est toute requise déjà.
Vue du dehors la nécessité semble l'unique agent de la nature par quoi chaque chose est poussée. Par quoi le bouton tend à la fleur, la fleur au fruit. Par quoi le fruit répand sur le sol la semence. Par quoi la semence germe à nouveau, et par quoi la chaîne ininterrompue, ainsi, d'activité en activité se poursuit...
Mais cette même fleur s'adresse-t-elle au cœur de l'homme, il n'est aussitôt plus question de sa pratique utilité; la voici

devenir aussitôt l'emblème du loisir et du repos. Ainsi ce même objet par quoi l'activité sans fin se manifeste est, d'autre part, la parfaite expression de la paix et de la beauté.

Et nous retrouvons ici cette vieille distinction que Schopenhauer établissait entre ce qu'il appelait le motif *et le* quiétif.

Certes, de reconnaître cette dualité constante, c'est déjà beaucoup. Mais Tagore prétend atteindre au-delà de la Maya à une félicité supérieure, car, dit-il encore dans le

Sadhana, ce côté de notre existence qui fait face à l'infini n'aspire point à l'opulence mais à la liberté, à la joie. Là cesse le règne de la nécessité et là notre fonction n'est point de posséder mais d'être. D'être quoi ? D'être un avec Brahma, car la religion de l'infini est la religion de l'unité ; c'est pourquoi nous lisons dans les *Upanishads* : « Celui qui comprend Dieu devient vrai. » C'est ici le lieu du devenir et non plus de la possession. La signification des mots, une fois que tu les connais, n'augmente point leur grosseur, mais alors les mots deviennent vrais, en ne formant plus qu'un avec l'idée. Quoique le monde occidental ait reconnu pour maître celui qui hardiment proclama son unité avec le Père, celui qui exhorta ses fidèles à être parfaits comme leur divin Père est parfait, le monde occidental ne s'est jamais précisément réconcilié avec l'idée de notre unité avec l'être infini. Il condamne à la manière d'un blasphème toute prétention de l'homme au devenir divin. Et cette condamnation n'était certainement pas l'idée que prêchait le Christ, non plus, peut-être, que l'idée des mystiques chrétiens; mais elle semble bien être devenue populaire dans le christianisme occidental.

Au contraire l'idée de ce devenir *Dieu est si forte chez les Hindous que nous voyons le Rishi, auteur de l'hymne admirable du* Rig-Véda *dont je vous lisais une strophe au début de ma conférence, signer* Prajapati, *prenant*

ainsi le nom même du dieu nouveau qu'il invoque, de Praja-
pati « le seigneur des créatures ».

Lorsque la perception de cette perfection de
l'unité, *dit Rabindranath Tagore en un autre endroit du*
Sadhana, n'est pas purement intellectuelle, lorsqu'elle
ouvre jour à notre être sur la lumineuse conscience
de la totalité, c'est alors que la joie rayonne, que
l'amour s'étend sur tout.

C'est cette résorption dans Brahma qu'il chante dans
le poème du Gitanjali *que voici :*

Je me compare au lambeau de nuage qui dans le ciel
d'automne erre inutilement. Ô mon soleil éternellement glorieux! à ton toucher ne s'est pas encore dissoute ma brume,
de sorte que je ne fasse plus qu'un avec ta lumière; ainsi
je vais, comptant les mois et les années où je suis séparé de toi.
    Si tel est ton désir et si tel est ton jeu, empare-toi de mon
inconsistance fugitive, orne-la de couleurs, que l'or la dore,
que sur le vent lascif elle navigue, et s'épande en miracles
changeants.
    Puis, de nouveau, si tel est ton désir de cesser ce jeu à la
nuit, je fondrai, disparaîtrai dans l'ombre; ou, peut-être,
dans un sourire du matin blanc, dans la fraîcheur de cette
pureté transparente.

Et là dans la « fraîcheur de cette pureté transparente »
se résorbent également, avec l'être individuel, ses chagrins,
ses inquiétudes, ses amours.

En une attente désespérée je vais cherchant après elle
dans tous les coins de ma demeure; je ne la trouve pas.
    Ma maison est petite, et ce qui une fois en est sorti jamais
plus ne peut être ressaisi.
    Mais immense est ton palais, mon Seigneur, et tandis que
je cherchais après elle je suis parvenu devant ta porte.

Je m'arrête sous le céleste dais d'or de ton soir, et vers ton visage je lève mes yeux pleins de désir.

Je suis parvenu sur le bord de l'éternité d'où jamais rien ne se dissipe — nul espoir, nul bonheur, nul souvenir de visage entrevu à travers les larmes.

Oh! trempe dans cet océan ma vie creuse, plonge-la dans le sein de cette plénitude, et que cette caresse perdue, je la ressente enfin dans la totalité de l'univers.

Toutes les dernières pièces du Gitanjali *sont à la louange de la mort. Je ne crois pas connaître, dans aucune littérature, accent plus solennel et plus beau.*

1913-1914

« *Tagore est le premier de nos saints
qui ne se soit pas refusé à la vie, me
dit cet Hindou, mais bien ait attendu
son inspiration de la vie même ; et
c'est pour cela précisément que nous
l'aimons.* »

W. B. Yeats (Introduction
au *Gitanjali*).

A SAINT-LEGER LEGER

Il est bien naturel que j'inscrive ici votre nom, cher ami. Grâce à vous, je fus peut-être le premier en France à connaître Rabindranath Tagore, alors que bien peu de lettrés le connaissaient encore en Angleterre.

Le Gitanjali venait à peine de paraître dans cette grande édition blanche, déjà si rare aujourd'hui, et qui sans doute, dans peu d'années, prendra pour les collectionneurs l'excessive valeur des premières éditions du Rubaiyât d'Omar Khàyyâm.

Je n'oublierai jamais que, pour moi, vous vous êtes dépouillé de votre propre exemplaire, feignant, pour rendre plus simple et plus exquis ce don, de ne point comprendre très bien mon souci de bibliophile. C'est aussi grâce à vous que j'obtins ce droit de traduction, qui prétendait être exclusif, jusqu'au jour où dans une revue, au cours d'une étude enthousiaste sur le poète hindou, parut la version hâtive d'un peu plus de la moitié du volume.

Vous savez combien m'attrista cette défloraison impatiente et que ce n'est que sur les instances des amis de Tagore que je me remis au travail. Car je l'avais abandonné, laissant la place aux plus habiles, conscient de ne pouvoir rien faire de bien que lentement. Je me persuade volontiers que je me suis donné beaucoup plus de mal et que j'ai mis bien plus longtemps à traduire tel de ses poèmes, que Tagore n'en prit à le composer. Dirai-je aussi qu'aucun écrit jamais ne m'avait coûté tant de peine. Il est bien naturel, du reste, qu'une traduction nécessite plus de retours, de repentirs et de ratures qu'une inspiration spontanée, et qu'aussi l'on ose traiter plus cavalièrement sa propre pensée que celle de celui qu'on prend à tâche de servir. Il m'a paru qu'aucune pensée de nos jours ne méritait plus de respect, j'allais dire de dévotion, que celle de Tagore et j'ai pris mon plaisir à me faire humble devant lui, comme lui-même pour chanter devant Dieu s'était fait humble.

I.

Tu m'as fait infini, tel est ton plaisir. Ce frêle calice tu l'épuises sans cesse et le remplis sans cesse à neuf de fraîche vie.

Cette petite flûte de roseau, tu l'as emportée par les collines et les vallées et tu as soufflé, au travers, des mélodies éternellement neuves.

A l'immortel toucher de tes mains, mon cœur joyeux échappe ses limites et se répand en ineffables épanchements.

Tes dons infinis, je n'ai que mes étroites mains pour m'en saisir. Mais les âges passent et encore tu verses et toujours il reste de la place à remplir.

2.

Quand tu m'ordonnes de chanter, il semble que mon cœur doive crever d'orgueil ; et je regarde vers ta face, et des pleurs me viennent aux yeux.

Tout le rauque et le dissonant de ma vie fond en une seule suave harmonie — et mon adoration éploie les ailes comme un joyeux oiseau dans sa fuite à travers la mer.

Je sais que tu prends plaisir à mon chant. Je sais que, comme un chanteur seulement, je suis admis en ta présence.

Mon chant largement éployé touche de l'extrémité de son aile tes pieds que je désespérais d'atteindre.

Ivre de cette joie du chanter, je m'oublie moi-même et je t'appelle ami, toi qui es mon Seigneur.

3

Mais comment Toi tu chantes, Maître, je l'ignore!
Et j'écoute toujours dans l'éblouissement silencieux.

La lumière de ta musique illumine le monde.
Le vital souffle de ta musique roule de ciel en
ciel.

Le flot sacré de ta musique à travers les digues
de pierre se fait jour et se précipite.

Mon cœur aspire à se joindre à ton chant, mais
s'efforce en vain vers la voix. Je parlerais... Mais
aucun chant ne se forme de mon langage et je me
lamente confus. Ah! tu as fait mon cœur captif,
Maître, dans les lacs infinis de ta musique.

4.

Vie de ma vie, toujours j'essaierai de garder mon corps pur, sachant que sur chacun de mes membres repose ton vivant toucher.

Toujours j'essaierai de garder de toute fausseté mes pensées, sachant que tu es cette vérité qui éveille la lumière de la raison dans mon esprit.

Toujours j'essaierai d'écarter toute méchanceté de mon cœur et de maintenir en fleur mon amour, sachant que tu as ta demeure dans le secret autel de mon cœur.

Et ce sera mon effort de te révéler dans mes actes, sachant que c'est ton pouvoir qui me donne force pour agir.

5.

Je te demande en grâce, permets qu'un instant je me repose à tes côtés. Les œuvres que j'ai entreprises, je les finirai par la suite.

Privé de la vue de ta face, mon cœur ne connaît ni repos, ni répit, et mon labeur n'est plus qu'une peine infinie dans un illimité désert de peine.

Aujourd'hui l'été est venu à ma fenêtre avec ses murmures et ses soupirs et les abeilles empressées font la cour au bosquet fleuri.

Voici l'heure de la quiétude et de chanter, face à face avec toi, la consécration de ma vie, dans le silence de ce surabondant loisir.

6.

Cueille cette frêle fleur, prends-la vite! de crainte qu'elle ne se fane et ne s'effeuille dans la poussière.

S'il n'y a point place pour elle dans ta guirlande, fais-lui pourtant l'honneur du contact douloureux de ta main; ceuille-la. Je crains que le jour ne s'achève avant que je ne m'en doute et que le temps de l'offertoire ne soit passé.

Bien que sa couleur soit discrète et que timide soit sa senteur, prends cette fleur à ton service et cueille-la tandis qu'il en est temps.

7.

Mon chant a dépouillé ses parures. Je n'y mets
plus d'orgueil. Les ornements gêneraient notre
union; ils s'interposeraient entre nous, et le bruit
de leur froissement viendrait à couvrir tes murmures.

Ma vanité de poète meurt de honte à ta vue. Ô
Maître-Poète! je me suis assis à tes pieds. Que seulement je fasse de ma vie une chose simple et droite,
pareille à une flûte de roseau que tu puisses emplir
de musique.

8.

L'enfant que vêt une robe princière et qui porte à son cou des chaînes orfévries perd tout plaisir au jeu; à chaque pas sa parure l'empêche.

De crainte de l'érailler ou que ne la ternisse la poussière, il se tient à l'écart du monde et n'ose même pas remuer.

Mère! est-il bon pour lui d'être emprisonné dans ce luxe, à l'abri du salubre pollen de la terre, et ne lui dérobes-tu pas ainsi son droit d'entrée dans la grande fête de la commune vie humaine?

9.

Ô insensé, qui essaies de te porter sur tes propres épaules! Ô mendiant, qui viens mendier à ta propre porte!

Dépose tes fardeaux entre les mains de celui qui peut tout porter, et jamais ne jette un regard de regret en arrière.

Ton désir éteint la flamme de la lampe aussitôt que l'atteint son souffle. Il est profane et ses mains sont souillées; n'accepte aucun don qu'il te tende. Mais cela seulement que t'offrira l'amour sacré.

10.

C'est ici ton tabouret; ici tes pieds reposent où vit le très pauvre, l'infime et le perdu.

Si je tente de m'incliner vers toi, ma révérence ne parvient pas à cette profondeur où reposent tes piéds parmi le très pauvre, l'infime et le perdu.

Où ne hante jamais l'orgueil, là tu marches dans la livrée de l'humble, parmi le très pauvre, l'infime et le perdu.

Mon cœur jamais ne trouvera sa route vers où tu tiens compagnie à ceux qui sont sans compagnon, parmi le très pauvre, l'infime et le perdu.

II.

Quitte ton chapelet, laisse ton chant, tes psal-
modies! Qui crois-tu honorer dans ce sombre coin
solitaire d'un temple dont toutes les portes sont
fermées? Ouvre les yeux et vois que ton Dieu n'est
pas devant toi.

Il est là où le laboureur laboure le sol dur; et au
bord du sentier où peine le casseur de pierres. Il
est avec eux dans le soleil et dans l'averse; son
vêtement est couvert de poussière. Dépouille ton
manteau pieux; pareil à Lui, descends aussi dans la
poussière!

Délivrance! Où prétends-tu trouver délivrance?
Notre Maître ne s'est-il pas joyeusement chargé
lui-même des liens de la création? Il s'est attaché
avec nous pour toujours.

Sors de tes méditations et laisse de côté tes fleurs
et ton encens! Tes vêtements se déchirent et se souil-
lent, qu'importe? Va le joindre et tiens-toi près
de lui dans le labeur et la sueur de ton front.

12.

Le temps que prend ma course est long; la route est longue.

Je suis sorti sur le char du premier rayon de lumière et j'ai poursuivi mon voyage à travers les solitudes des mondes, laissant ma trace sur mainte étoile.

C'est le parcours le plus distant qui m'approche le plus de toi, et la modulation la plus détournée est celle même qui mène à la parfaite simplicité de l'accord.

Le voyageur doit frapper à toutes les portes avant de parvenir à la sienne; il faut avoir erré à travers tous les mondes extérieurs pour atteindre enfin au tabernacle très intime.

J'ai laissé mes yeux longtemps s'égarer au loin avant de les fermer et de dire : Tu es ici!

Cette interrogation, cette attente, se fond dans les larmes d'un millier de fleuves et submerge le monde sous le flot de cette certitude : Je suis.

13.

Le chant que je devais chanter n'a pas été chanté jusqu'à ce jour.

J'ai passé mes jours à accorder et à désaccorder ma lyre.

Je n'ai pu trouver le juste rythme; les mots n'ont pas été bien assemblés; il reste seulement l'agonie du souhait dans mon cœur.

La fleur ne s'est pas ouverte; seulement, auprès d'elle, le vent soupire.

Je n'ai pas vu sa face, je n'ai pas prêté l'oreille à sa voix; seulement, j'ai entendu ses pas tranquilles sur la route devant ma maison.

Tout le long jour de ma vie s'est écoulé tandis que je dressais dans ma maison son siège; mais la lampe n'a pas été allumée, et je ne puis l'inviter à entrer.

Je vis dans l'espoir de sa rencontre; mais cette rencontre n'est pas encore.

14.

Mes désirs sont nombreux et ma plainte est pitoyable, mais par de durs refus tu m'épargnes toujours; et cette sévère clémence, tout au travers de ma vie, s'est ourdie.

Jour après jour tu me formes digne des grands dons simples que tu répands spontanément sur moi — ce ciel et la lumière, ce corps et la vie et l'esprit — m'épargnant les périls de l'excessif désir.

Parfois languissant je m'attarde; parfois je m'éveille et me hâte en quête de mon but; mais alors cruellement tu te dérobes de devant moi.

Jour après jour tu me formes digne de ton plein accueil: en me refusant toujours et encore, tu m'épargnes les périls du faible, de l'incertain désir.

15.

Je suis ici pour te chanter des chansons. Dans cette salle qui est tienne j'ai un coin où m'asseoir.

Je suis tout désœuvré dans ton monde; mon inutile vie ne sait que se répandre en accords sans suite.

Quand pour ton culte muet, au temple ténébreux de minuit, sonnera l'heure, commande-moi, mon Maître, et je me lèverai devant toi pour chanter.

Quand, dans l'air matinal, sera accordée la harpe d'or, alors, daigne commander ma présence.

16.

J'ai reçu mon invitation pour le festival de ce monde, et ainsi ma vie a été bénie. Mes yeux ont vu et mes oreilles ont entendu.

C'était ma part à cette fête, de jouer de mon instrument, et j'ai fait tout ce que j'ai pu.

Maintenant, je le demande, le temps est-il venu enfin, où je puisse entrer, voir ta face et t'offrir ma salutation silencieuse?

17.

J'attends seulement l'amour pour me renoncer moi-même entre ses mains. C'est pourquoi il est si tard, c'est pourquoi je me suis rendu coupable de telles omissions.

Ils viennent avec leurs lois et leurs codes pour m'attacher; mais moi je leur échappe toujours, car j'attends seulement l'amour pour me renoncer moi-même entre ses mains.

Les autres me blâment et m'appellent négligent; je ne doute pas qu'ils n'aient raison dans leur blâme.

Le jour du marché est passé et tout le travail des affaires est terminé; ceux qui me réclamèrent en vain s'en sont retournés en colère. J'attends seulement l'amour pour me renoncer enfin moi-même entre ses mains.

18.

Les nuages s'entassent sur les nuages; il fait sombre. Amour! ah pourquoi me laisses-tu dehors attendre tout seul à la porte?

Dans l'affairement du travail de midi, je suis avec la foule; mais par ce sombre jour solitaire je n'espère seulement que toi.

Si tu ne me montres point ta face, si tu me laisses complètement de côté, je ne sais pas comment je traverserai ces longues, ces pluvieuses heures.

Je reste à contempler le large obscurcissement du ciel et mon cœur plaintif rôde avec le vent sans repos.

19.

Si tu ne parles pas, certes j'endurerai ton silence;
j'en emplirai mon cœur. J'attendrai tranquille, la
tête bas penchée, et pareil à la nuit durant sa vigile
étoilée.

Le matin sûrement va venir; la ténèbre céder, et
ta voix va s'épandre en jaillissements d'or ruisselant
à travers le ciel.

Tes paroles alors s'essoreront en chansons de chacun
de mes nids d'oiseaux et tes mélodies éclateront en
fleurs sur toutes les charmilles de mes forêts.

20.

Le jour que la fleur de lotus s'ouvrit, hélas! mon
esprit errait à l'aventure et je ne le sus pas. Ma corbeille était vide et la fleur resta délaissée.

Mais parfois et encore une tristesse s'abattait sur
moi : je m'éveillais en sursaut de mon songe et sentais
la suave trace d'une étrange fragrance dans le vent
du sud.

Cette vague douceur faisait mon cœur malade de
désir; il me semblait reconnaître l'ardente haleine de
l'été s'efforçant vers sa perfection.

Je ne savais pas alors que c'était si près, que c'était
mien, et que cette suavité parfaite s'était épanouie
au profond de mon propre cœur.

21.

Est-il temps de lancer ma barque? Les languissantes
heures s'écoulent sur la plage — hélas pour moi!

Le printemps a donné sa floraison puis dit adieu.
Et maintenant, chargé de vaines fleurs fanées, j'attends
et m'attarde.

Les vagues sont devenues bruyantes; au-delà de la
berge, dans le sentier plein d'ombre, les feuilles jeunes
palpitent et tombent.

Quelle absence contemples-tu? Ne sens-tu pas un
frémissement traverser l'air, avec le chant lointain
qui monte et fuit l'autre plage?

22.

Dans les ombres profondes de juillet pluvieux, à pas furtifs, tu marches, discret comme la nuit, éludant les veilleurs.

Aujourd'hui le matin a fermé les yeux, inattentif aux appels insistants du vent d'Est; un voile épais s'étend sur l'azur vigilant du ciel.

Les bocages ont tu leurs chants et les portes de chaque maison sont fermées.

Dans cette rue déserte, tu es le passant solitaire. Ô mon unique ami, mon vieux aimé, les vantaux de ma demeure sont ouverts — ne disparais pas comme un songe.

23.

Es-tu dehors par cette nuit d'orage, poursuivant
on voyage amoureux, mon ami? Le ciel gémit comme
un amant au désespoir.

Je n'ai pas sommeil cette nuit, mon ami. A
tout moment j'ouvre ma porte et je scrute les
ténèbres.

Je ne distingue rien devant moi, et je doute où
passe ta route!

Sur quelle obscure rive du fleuve d'encre, sur
quelle distante lisière de la menaçante forêt, à travers
quelle perplexe profondeur d'ombre, cherches-tu
on chemin pour venir à moi, mon ami?

24.

Si le jour est passé, si les oiseaux ne chantent plus
si le vent fatigué retombe, tire au-dessus de moi le
voile des ténèbres, ainsi que tu as enveloppé la terre
dans les courtines du sommeil et clos tendrement à la
brune les pétales du défaillant lotus.

Du voyageur dont la besace est vide avant qu'il
n'ait achevé sa route, dont le vêtement est déchiré et
lourd de poussière, dont les forces sont épuisées,
écarte honte et misère, et lui renouvelle la vie comme
à la fleur sous le bienveillant couvert de ta nuit.

25.

Dans la nuit de lassitude, permets que je m'abandonne sans lutte au sommeil et repose sur toi ma confiance.

Permets que mon esprit languissant ne s'ingénie pas à te préparer un culte dérisoire.

C'est toi qui tires le voile de la nuit sur les yeux fatigués du jour, pour renouveler son regard au réveil dans une plus fraîche félicité.

26.

A mes côtés il est venu s'asseoir et je ne me suis pas éveillé. Maudit soit mon sommeil misérable!

Il est venu quand la nuit était paisible; il avait sa harpe à la main et mes rêves sont devenus tout vibrants de ses mélodies.

Hélas! pourquoi mes nuits toutes ainsi perdues? Ah! pourquoi celui dont le souffle touche mon sommeil, échappe-t-il toujours à ma vue?

27.

Lumière! Où est la lumière? Qu'elle s'anime au feu rutilant du désir!

Voici la lampe, mais sans jamais le vacillement d'une flamme — est-ce là ton destin, mon cœur? La mort, ah! pour toi serait de beaucoup préférable.

La misère frappe à ta porte; son message est que ton maître est de veille et qu'il t'appelle au rendez-vous d'amour à travers l'obscurité de la nuit.

Le ciel est encombré de nuages et la pluie ne cesse pas. Je ne sais ce que c'est qui se soulève en moi; je ne sais ce que cela veut dire.

La lueur soudaine d'un éclair ramène sur ma vue une ténèbre plus profonde, et mon cœur cherche à tâtons le sentier vers où la musique de la nuit m'appelle.

Lumière, ah! où est la lumière? Qu'elle s'anime au feu rutilant du désir! Il tonne et le vent bondit en hurlant à travers l'espace. La nuit est noire comme l'ardoise. Ne laisse pas les heures s'écouler dans l'ombre. Anime avec ta vie la lampe de l'amour.

28.

Tenaces sont mes entraves, mais le cœur me fait mal dès que j'essaie de les briser.

Je n'ai besoin que de la délivrance, mais je me sens honteux d'espérer.

Je suis certain qu'une inestimable opulence est en toi et que tu es mon meilleur ami, mais je n'ai pas le cœur de balayer de ma chambre tous les oripeaux qui l'emplissent.

Le drap qui me couvre est un linceul de poussière et de mort; je le hais mais je l'étreins avec amour.

Mes dettes sont grandes, mes défaillances sont nombreuses, ma honte est pesante et cachée; mais quand je viens à réclamer mon bien, je tremble de peur que ma requête ne soit exaucée.

29.

Mon propre nom est une prison, où celui que j'enferme pleure. Sans cesse je m'occupe à en élever tout autour de moi la paroi; et tandis que, de jour en jour, cette paroi grandit vers le ciel, dans l'obscurité de son ombre je perds de vue mon être véritable.

Je m'enorgueillis de cette haute paroi; par crainte du moindre trou, je la replâtre avec de la poudre et du sable; et pour tout le soin que je prends du nom, je perds de vue mon être véritable.

30.

Je suis sorti tout seul pour aller à ce rendez-vous. Mais qui donc est celui qui me suit dans l'obscurité silencieuse?

Je m'écarte pour éviter sa présence, mais je ne lui échappe pas.

Il fait se soulever la poussière avec ses fanfaronnades. Il double de sa voix bruyante chaque parole que je dis.

Il est mon propre moi misérable, ô Seigneur! Il ne connaît aucune honte; mais j'ai honte de venir à ta porte en sa compagnie.

31.

« Prisonnier, dis-moi donc qui t'enchaîna? »

« Ce fut mon maître, dit le prisonnier. Je pensais pouvoir surpasser quiconque au monde en opulence et en pouvoir, et j'amassai dans mon propre trésor tout l'argent que je devais à mon roi. Quand le sommeil triompha de moi, je m'étendis sur le lit qui était préparé pour mon maître; et quand je m'éveillai, je me trouvai prisonnier parmi mon propre trésor. »

« Prisonnier, dis-moi donc qui forgea cette chaîne imbrisable? »

« Ce fut moi, dit le prisonnier, qui forgeai cette chaîne avec tout mon soin. Je pensais que mon pouvoir invincible maintiendrait le monde captif, en me laissant dans une imperturbable liberté.

« C'est ainsi que nuit et jour je forgeai à feu immense et martelai cruellement. Lorsque enfin le travail fut achevé et qu'il ne manqua plus un anneau dans la chaîne imbrisable c'est moi qui me trouvai saisi. »

Par tous les moyens, ils essaient de me garder à l'abri, ceux qui m'aiment dans ce monde. Mais il ne va pas ainsi avec ton amour qui est plus grand que le leur, et tu me laisses libre.

De crainte que je ne les oublie, ils ne se risquent jamais à me laisser seul. Mais jour après jour passe, et toi tu ne te montres pas.

Bien que je ne te nomme pas dans mes prières, bien que je ne te retienne pas dans mon cœur, ton amour pour moi attend encore mon amour.

33.

Lorsqu'il fit jour, ils vinrent dans ma maison et dirent : « Nous n'occuperons ici qu'une toute petite place. »

Ils dirent : « Nous t'assisterons dans le culte de ton Dieu et nous n'accepterons humblement que notre portion de sa grâce »; puis ils s'assirent dans un coin et se tinrent débonnairement tranquilles.

Mais dans l'obscurité de la nuit, turbulents et osés, avec une avidité impie, ils violèrent mon sanctuaire; et je trouvai l'autel tout dépouillé de ses offrandes.

Laisse seulement subsister ce peu de moi par quoi je puisse te nommer mon tout.

Laisse seulement subsister ce peu de ma volonté par quoi je puisse te sentir de tous côtés, et venir à toi en toutes choses, et t'offrir mon amour à tout moment.

Laisse seulement subsister ce peu de moi par quoi je ne puisse jamais te cacher.

Laisse seulement cette petite attache subsister par quoi je suis relié à ta volonté, et par où ton dessein se transmet dans ma vie : c'est l'attache de ton amour.

35.

Là où l'esprit est sans crainte et où la tête est haut portée;

Là où la connaissance est libre;

Là où le monde n'a pas été morcelé entre d'étroites parois mitoyennes;

Là où les mots émanent des profondeurs de la sincérité;

Là où l'effort infatigué tend les bras vers la perfection;

Là où le clair courant de la raison ne s'est pas mortellement égaré dans l'aride et morne désert de la coutume;

Là où l'esprit guidé par toi s'avance dans l'élargissement continu de la pensée et de l'action —

Dans ce paradis de liberté, mon Père, permets que ma patrie s'éveille.

36.

Ceci est ma prière vers toi, mon Seigneur — frappe,
frappe à la racine cette ladrerie dans mon cœur.

Donne-moi la force de supporter légèrement mes
chagrins et mes joies.

Donne-moi la force de rendre mon amour abondant
en services.

Donne-moi la force de ne jamais désavouer le
pauvre ni plier le genou devant le pouvoir insolent.

Donne-moi la force d'élever mon esprit loin au-
dessus des futilités quotidiennes.

Et donne-moi la force de soumettre ma force à ta
volonté avec amour.

37.

Je croyais que mon voyage touchait à sa fin, ayant atteint l'extrême limite de mon pouvoir, — que le sentier devant moi s'arrêtait, que mes provisions étaient épuisées et que le temps était venu de prendre retraite dans une silencieuse obscurité.

Mais je découvre que ta volonté ne connaît pas de fin en moi. Et quand les vieilles paroles expirent sur la langue, de nouvelles mélodies jaillissent du cœur; et là où les vieilles pistes sont perdues, une nouvelle contrée se découvre avec ses merveilles.

38.

C'est toi que je veux! toi seul! — que mon cœur le répète sans cesse! Tous les désirs, qui me distraient jour et nuit, sont faux et vides jusqu'au cœur.

Comme la nuit garde cachée dans son ombre l'exigence de la lumière, ainsi de même dans le fond de mon inconscience retentit le cri : « C'est toi que je veux, toi seul! »

Comme la tempête encore aspire à sa fin dans la paix, lorsqu'elle bondit contre la paix, de toutes sa force, ainsi de même ma rébellion bondit contre ton amour et s'écrie : « C'est toi que je veux, toi seul! »

Quand le cœur est dur et desséché, descends sur moi dans une averse de clémence.

Quand la vie a perdu sa grâce, viens à moi dans une explosion de chant.

Quand l'œuvre de tumulte élève de toutes parts son vacarme, m'excluant d'au-delà, viens à moi, Seigneur du silence, avec ta paix et ton repos.

Quand mon cœur misérable gît, captif, tapi dans un coin, enfonce la porte, mon Roi, et viens dans le cérémonial d'un roi.

Quand le désir aveugle mon esprit avec son mirage et sa poudre, toi, saint unique, toi vigilant, viens dans ton éclair et ta foudre.

40.

Il n'a pas plu depuis des jours et des jours, ô mon Dieu, dans mon cœur aride. L'horizon est férocement nu — pas la plus fine ombre de nuage, pas la plus petite allusion à quelque fraîche distante averse.

Envoie ton orage en courroux, sombre et chargé de mort, si tel est ton désir, et à coups d'éclairs sillonne le ciel de part en part.

Mais rappelle à toi, Seigneur, rappelle à toi cette affreuse chaleur, perçante et cruelle, qui pénètre sans bruit dans mon cœur et y dessèche tout espoir.

Du haut de ton ciel, incline vers nous le nuage de grâce, semblable au regard plein de larmes de la mère, le jour du courroux paternel.

41.

Où te tiens-tu donc derrière eux tous, mon amant, te cachant dans l'ombre? Ils te bousculent en passant sur la route poudreuse, et ne tiennent nul compte de toi. J'use ici de pénibles heures à étaler pour toi mes offrandes, mais ceux qui passent enlèvent mes fleurs une à une, et ma corbeille est bientôt vide.

Le temps du matin est passé, et le midi. Dans l'ombre du soir mes yeux sont chargés de sommeil. Ceux qui rentrent chez eux me dévisagent et leur sourire m'emplit de honte. Je suis assise, pareille à la jeune pauvresse, ramenant le pan de ma robe sur mon visage et quand ils me demandent qu'est-ce que je veux, je baisse les yeux sans répondre.

Oh! comment, en vérité, pourrais-je leur dire que c'est toi que j'attends et que tu m'as promis de venir? Comment, par pudeur, leur avouerais-je que j'ai pris cette pauvreté pour douaire? Ah! j'étreins cet orgueil dans le secret de mon cœur.

Je suis assise dans l'herbe et contemple le ciel, et rêve à la soudaine splendeur de ta venue — tout en flammes, des ailes d'or battant autour de ton char, et eux sur le bord de la route, bouche bée à te voir descendre de ton siège, me ramasser dans la poussière et asseoir à ton côté cette pauvre fille en haillons, de honte et d'orgueil toute tremblante, comme une liane dans la brise d'été.

Mais le temps coule et je n'entends toujours pas le bruit de la roue de ton char. Des processions nombreuses passent, menant grand train et dans une rumeur de gloire. N'y a-t-il donc que toi qui t'obstines à rester dans l'ombre et derrière eux tous ? N'y a-t-il donc que moi qui m'obstine à t'attendre, à pleurer, à fatiguer mon cœur de vain espoir ?

42.

Au petit matin un bruissement a dit que nous allions nous embarquer, toi seulement et moi, et qu'aucune âme au monde jamais ne saurait rien de notre pèlerinage sans fin ni but.

Sur cet océan sans rivages, à ton muet sourire attentif, mes chants s'enfleraient en mélodies, libres comme les vagues, libres de l'entrave des paroles.

N'est-il pas temps encore? Que reste-t-il à faire ici? Vois, le soir est descendu sur la plage et dans la défaillante lumière l'oiseau de mer revole vers son nid.

N'est-il pas temps de lever l'ancre? Que notre barque avec la dernière lueur du couchant s'évanouisse enfin dans la nuit.

43.

C'était un jour où je ne me tenais pas prêt à l'accueil ; entrant non prié dans mon cœur, et même comme quelqu'un du commun peuple, inconnu de moi, mon Roi, tu as marqué du sceau de l'éternité maint fugace instant de ma vie.

Et aujourd'hui que je tombe sur eux par hasard et que j'y vois ta signature, je les trouve gisant dans la poussière, dispersés parmi les joies et les chagrins des jours ordinaires oubliés.

Tu n'as pas tourné en dérision mes jeux puérils dans la poussière, et les pas que j'entendais dans ma chambre d'enfant sont ceux-là mêmes qui retentissent d'étoile en étoile.

44.

Ceci est mon délice d'attendre et d'épier ainsi sur le bord de la route où l'ombre poursuit la lumière, et la pluie vient sur les traces de l'été.

Des messagers, avec des nouvelles d'autres cieux, me saluent et se hâtent le long de la route. Mon cœur exulte au-dedans de moi, et l'haleine de la brise qui passe est douce.

De l'aube au crépuscule, je reste devant ma porte ; je sais que soudain l'heureux moment viendra où je verrai.

Cependant je souris et je chante, tout solitaire. Cependant l'air s'emplit du parfum de la promesse.

45.

N'as-tu pas entendu son pas silencieux? Il vient, vient, vient à jamais.

A chaque moment, à chaque âge, à chaque jour, à chaque nuit, il vient, vient, vient à jamais.

J'ai chanté plus d'un chant sur plus d'un mode, mais dont chaque note et toujours proclamait : Il vient, vient, vient à jamais.

Dans les jours embaumés de l'Avril ébloui, par le sentier de la forêt, il vient, vient, vient à jamais.

Dans l'angoisse orageuse des nuits de Juillet, sur le tonnant chariot des nuées, il vient, vient, vient à jamais.

D'une peine à une autre peine, c'est son pas sur mon cœur qu'il oppresse; quand luit ma joie, c'est au toucher d'or de son pied.

46.

Je ne sais de quels temps reculés, à ma rencontre
u viens à jamais plus proche. Ton soleil et tes étoiles,
amais, ne pourront te tenir caché de moi pour tou-
ours.

Maint soir et maint matin le bruit de tes pas s'est
ait entendre; ton messager est venu dans mon cœur
t m'a secrètement appelé.

Je ne sais pourquoi ma vie est aujourd'hui éperdue,
t une frémissante joie circule au travers de mon cœur.

C'est comme si le temps était venu pour moi d'en
inir avec mon travail, et je sens faiblement dans l'air
n vestige odorant de ton exquise présence.

47.

La nuit s'est presque tout écoulée en vain à l'atten
dre. Je crains qu'au matin il ne vienne soudain devan
ma porte, alors qu'épuisé de fatigue je serai tomb
endormi. Oh! laissez devant lui la route libre. Amis
ne le repoussez pas!

Si le bruit de ses pas ne m'éveille, oh! laissez-mo
dormir, je vous prie. Puisse ne troubler mon sommei
ni le clamareux chœur des oiseaux, ni la jubilation d
vent dans la gloire de la clarté matinale. Laissez qu
je repose en paix, même si mon Seigneur, soudain
se présente à ma porte.

Sommeil! Ô mon précieux sommeil! qui seulemen
attends son attouchement pour me fuir. Yeux clos, qu
ne découvriront mes paupières qu'à la lumière de so
sourire, quand il se dressera devant moi comme u
songe surgi de l'ombre du dormir.

Qu'à mes regards il apparaisse comme le premie
des rayons et comme la première des formes! Que l
premier tressaillement de joie au réveil, mon âm
le doive à son regard! Et revenir à moi, que ce so
revenir à lui!

48.

La matinale mer du silence frémissait de chants d'oiseaux et les fleurs étaient toutes joyeuses au bord de la route; à travers l'écartement des nuages, les rayons d'or éparpillaient leur opulence. Cependant, affairés, nous poursuivions notre route et nous ne prêtions pas attention.

Nous ne chantions pas de chant d'allégresse et nous ne jouions pas; nous n'allions pas au village pour trafiquer; nous n'échangions pas un mot et pas un sourire : nous ne nous attardions pas en route. Nous hâtions le pas de plus en plus, tandis que le temps nous pressait.

Le soleil atteignit le milieu du ciel et les ramiers roucoulèrent dans l'ombre. Des feuilles sèches dansaient et tourbillonnaient dans l'air chaud de midi. A l'ombre du banyan, l'enfant berger sommeillait et rêvait; je me couchai moi-même au bord de l'eau et étendis dans l'herbe mes membres fatigués.

Mes compagnons rirent de moi : pleins de mépris, ils redressèrent la tête et se hâtèrent : ne se reposant jamais et ne regardant pas en arrière, ils disparurent dans la lointaine brume d'azur. Ils coupaient à travers prés et collines et traversèrent d'étranges contrées reculées. Tout l'honneur soit pour vous! héroïque escadron sur le sentier interminable... Piqué par la moquerie, je me relevai sous l'insulte mais je ne trouvai rien à répondre. Et je m'abandonnai, perdu dans l'aise d'une profonde humiliation — dans l'ombre d'un incertain délice.

Le repos de l'obscurité verte ourlée du soleil se déployait paresseusement sur mon cœur. J'oubliai pourquoi j'avais peiné, et sans lutte je renonçai mon esprit dans les lacis d'ombre et de rêve.

Quand je rouvris les yeux enfin et m'éveillai de mon assoupissement, je vis Toi dressé devant moi, inondant mon sommeil d'un sourire. Moi qui tant avais craint que le sentier ne fût pénible! et que pour t'atteindre il ne fallût lutter durement.

49.

Du haut de votre trône vous êtes descendu et vous êtes tenu devant la porte de ma hutte.

Je chantai tout seul dans un coin et la mélodie surprit votre oreille. Vous êtes descendu et vous êtes tenu devant la porte de ma hutte.

Nombreux sont les virtuoses dans votre palais et des chants sont chantés à toute heure. Mais l'hymne simple de ce novice a frappé votre amour. Une plaintive petite cadence s'est mêlée à toute la grande musique du monde, et, avec une fleur pour récompense, vous êtes descendu et vous êtes tenu devant la porte de ma hutte.

50.

J'étais allé, mendiant de porte en porte, sur le chemin du village lorsque ton chariot d'or apparut au loin pareil à un rêve splendide et j'admirais quel était ce Roi de tous les rois!

Mes espoirs s'exaltèrent et je pensais : c'en est fini des mauvais jours, et déjà je me tenais prêt dans l'attente d'aumônes spontanées et de richesses éparpillées partout dans la poussière.

Le chariot s'arrêta là où je me tenais. Ton regard tomba sur moi et tu descendis avec un sourire. Je sentis que la chance de ma vie était enfin venue. Soudain, alors, tu tendis ta main droite et dis : « Qu'as-tu à me donner? »

Ah! quel jeu royal était-ce là de tendre la main au mendiant pour mendier! J'étais confus et demeurai perplexe; enfin, de ma besace, je tirai lentement un tout petit grain de blé et te le donnai.

Mais combien fut grande ma surprise lorsque, à la fin du jour, vidant à terre mon sac, je trouvai un tout petit grain d'or parmi le tas de pauvres grains. Je pleurai amèrement alors et pensai : « Que n'ai-je eu le cœur de te donner mon tout! »

51.

La nuit s'épaississait. Notre tâche du jour était faite. Nous pensions que le dernier hôte était arrivé pour la nuit et que dans le village toutes les portes étaient closes. Seulement, quelqu'un dit que le Roi allait venir. Nous avons ri et dit : « Non; ce n'est pas possible. »

Il semblait que des coups fussent frappés à la porte et nous disions que ce n'était rien que le vent. Nous avons éteint les lampes et nous nous sommes couchés pour dormir. Seulement quelqu'un dit : « Voici le messager! » Nous avons ri et dit : « Non; cela doit être le vent. »

Il y eut un bruit dans le cœur de la nuit. Endormis, nous pensions que c'était le distant tonnerre. La terre trembla, les murailles oscillèrent et nous fûmes inquiets dans notre sommeil. Seulement, quelqu'un dit que c'était le bruit des roues. Tout assoupis, nous avons dit dans un murmure : « Non; ce doit être le grondement des nuages. »

La nuit était obscure encore lorsque le tambour a retenti. La voix est venue : « Éveillez-vous, ne perdez pas de temps! » Nous avons pressé nos mains sur nos cœurs et tressailli de peur. Quelqu'un dit : « Voyez, voici l'étendard du Roi! » Nous nous sommes relevés en sursaut et avons crié : « Il n'y a pas de temps à perdre! »

Le Roi est venu — mais où sont les lumières, où sont les couronnes? où est le trône où il puisse s'asseoir? Ô honte! ô honte extrême! Où est la salle, où sont les ornements? Quelqu'un a dit : « Que sert de se lamenter? Saluez-le avec vos mains vides, accueillez-le dans vos chambres nues! »

Ouvrez les portes et que les conques retentissent! Dans la profondeur de la nuit est venu le Roi de notre sombre triste demeure. Le tonnerre gronde dans le ciel, l'obscurité frémit d'éclairs. Apportez cette nappe dépenaillée et étendez-la dans la cour. Avec l'orage est venu tout à coup notre Roi de la nuit terrible.

52.

Je voulais te demander — mais je n'ai pas osé — la guirlande de roses que tu portais au cou. Ainsi j'attendis au matin et que tu sois parti pour en trouver sur le lit quelque vestige. Et, pareil au mendiant, je quêtai dans le crépuscule, ne fût-ce que pour un pétale égaré.

Pauvre de moi! Qu'ai-je trouvé? Quel gage a laissé ton amour? Ce n'est ni fleur, ni flacon de senteur, ni aromates. C'est ton puissant glaive, étincelant comme une flamme, pesant comme un coup de tonnerre. La jeune lumière du matin, par la fenêtre, vient se répandre sur ton lit. L'oiseau matinal gazouille et demande : « Femme, qu'as-tu trouvé? » Non, ce n'est ni fleur, ni flacon de senteur, ni aromates — Seigneur, c'est ton terrible glaive.

J'admire et je m'étonne, quel don m'as-tu fait là? Je ne sais trouver nulle place où le cacher. J'ai honte de le porter sur moi, frêle comme je suis, et je me blesse à lui quand je le presse sur ma poitrine. Pourtant il me faut supporter dans mon cœur l'honneur que tu m'as fait de ce don d'un fardeau de peine.

Désormais, pour moi nulle peur ne saurait plus être

en ce monde, et dans mes désaccords tu resteras victorieux. Tu m'as laissé la mort pour compagne et je la couronnerai de ma vie. Ton glaive est avec moi pour trancher mes liens, et pour moi nulle peur ne saurait plus être en ce monde.

Désormais, je renonce à tout attifement futile. Roi de mon cœur, je ne connaîtrai plus l'attente et ni le pleurer à l'écart; plus la réserve et les douces manières. Tu m'as donné ton glaive pour parure. Qu'ai-je affaire à présent avec les attifements de poupée!

53.

Ravissant est ton bracelet gemmé d'étoiles et où des myriades de joyaux diaprés sont sertis. Mais, pour moi, plus ravissant encore est ton glaive, avec sa courbe fulgurante pareille à l'éploiement des ailes du divin oiseau de Vishnu, en tranquille équilibre sur l'embrasement furieux du couchant.

Il frémit, pareil à la suprême réponse de la vie en son extase de peine au final assaut de la mort. Il luit, pareil à la pure flamme de l'être consumant le terrestre habit dans un farouche éclair.

Ravissant est ton bracelet, orné d'astrales pierreries; mais ton glaive, ô roi du tonnerre, est forgé d'excessive beauté, terrible aux regards et à la pensée.

54.

Je ne réclamais rien de toi; je n'importunais pas de mon nom ton oreille. Lorsque tu m'as laissée, je suis restée silencieuse. J'étais seule près de la source, où l'arbre porte une ombre oblique, et les femmes étaient rentrées chez elles après avoir rempli jusqu'au bord leurs brunes cruches de terre. Elles m'appelaient et criaient : « Viens avec nous; le matin passe; il est bientôt midi. » Mais languissamment je m'attardais encore, perdue parmi de vagues songeries.

Je n'entendis point ton pas lorsque tu vins. Tes yeux étaient tristes lorsqu'ils reposèrent sur moi; ta voix était lasse quand tu me disais tout bas : « Ah ! Je suis un voyageur altéré. » Je secouai mes rêvasseries et versai l'eau de ma cruche dans tes paumes jointes. Le feuillage au-dessus de nous frémissait; le coucou chantait dans l'ombre et le parfum de la fleur du *babla* nous parvenait du tournant de la route.

Je suis restée muette, pleine de honte, quand tu m'as demandé mon nom. Qu'avais-je fait, en vérité, pour que de moi tu te souviennes ? Mais que j'aie pu calmer ta soif avec cette eau que je t'avais donnée, cette pensée presse mon cœur dans un enveloppement suave. L'heure matinale est passée, l'oiseau pousse son cri monotone, le feuillage du *neem* frémit au-dessus de moi, qui reste immobile et médite.

55·

La langueur pèse sur ton cœur, encore, et l'assoupissement sur tes yeux.

N'as-tu donc pas entendu dire que la fleur règne en
splendeur dans les épines? Éveille! Éveille-toi! Et
que l'heure ne passe pas vaine! A l'extrémité du sentier
caillouteux, au pays de l'intacte solitude, mon ami
repose solitaire. Ne déçois pas son attente! Éveille!
Éveille-toi! Et si palpite et vibre l'azur par l'ardeur
du rayon de midi... Si le sable brûlant étale son manteau de soif...

Ne sens-tu pas de joie dans le fond de ton cœur?
A chaque pas que tu vas faire, la harpe du sentier
d'une suave musique de peine, ne saura-t-elle pas
retentir?

56.

C'est ainsi que la joie que tu prends en moi est si pleine. C'est ainsi que tu es descendu jusqu'à moi. Ô Seigneur! maître de tous les cieux, si je n'existais pas, où serait ton amour?

Tu m'as pris comme associé de ton opulence. Dans mon cœur se joue le jeu sans fin de tes délices. Par ma vie prend forme incessamment ton vouloir.

Et c'est pourquoi, toi, Roi des rois, tu t'es revêtu de beauté afin de captiver mon cœur. Et c'est pourquoi ton amour se résout lui-même dans cet amour de ton amant; et l'on *te* voit ici où l'union de deux est parfaite.

Lumière! ma lumière! lumière emplissant le monde,
lumière baiser des yeux, douceur du cœur, lumière!

Ah! la lumière danse au centre de ma vie! Bien-
aimé, mon amour retentit sous la frappe de la lumière.
Les cieux s'ouvrent; le vent bondit; un rire a parcouru
la terre.

Sur l'océan de la lumière, mon bien-aimé, le papillon ouvre son aile. La crête des vagues de lumière
brille de lys et de jasmins.

La lumière, ô mon bien-aimé, brésille l'or sur les
nuées; elle éparpille à profusion les pierreries.

Une jubilation s'étend de feuille en feuille, ô mon
amour! une aise sans mesure. Le fleuve du ciel a
noyé ses rives; tout le flot de joie est dehors.

58.

Que tous les accents de la joie se mêlent dans mon
hant suprême — la joie qui fait la terre s'épancher
lans l'intempérante profusion de l'herbe; la joie
qui sur le large monde fait danser mort et vie jumelles;
a joie qui précipite la tempête — et alors un rire
veille et secoue toute vie; la joie qui repose quiète
parmi les larmes dans le rouge calice du lotus douleur;
t la joie enfin qui jette dans la poussière tout ce qu'elle
et ne sait rien.

59.

Oui, je le sais bien, ce n'est là rien que ton amour ô aimé de mon cœur — cette lumière d'or qui dans sur les feuilles; ces indolents nuages qui voguent pa le ciel, et cette brise passagère qui laisse sa fraîcheu à mon front.

Mes yeux se sont lavés dans la lumière matinale — et c'est ton message à mon cœur. Ta face, de très hau s'incline; tes yeux ont plongé dans mes yeux et contr tes pieds bat mon cœur.

60.

Sur le rivage des mondes infinis, des enfants s'assemblent. L'azur sans fin est immobile au-dessus d'eux; près d'eux le flot sans repos retentit. Sur le rivage des mondes infinis, des enfants s'assemblent avec des danses et des cris.

Ils bâtissent leurs maisons avec du sable; ils jouent avec des coquilles vides. Avec des feuilles fanées, ils gréent leurs barques et, en souriant, les lancent sur la mer profonde. Les enfants tiennent leurs jeux sur le rivage des mondes.

Ils ne savent pas nager; ils ne savent pas jeter les filets. Les pêcheurs de perles plongent, les marchands mettent à la voile; les enfants cependant rassemblent les galets, puis les dispersent. Ils ne cherchent pas de trésors cachés, ils ne savent pas jeter les filets.

La marée monte avec un rire et le pâle éclat de la plage sourit. Les vagues chargées de mort chantent aux enfants d'incertaines ballades, comme chante une mère qui berce son bébé. Le flot joue avec les enfants et le pâle éclat de la plage sourit.

Sur le rivage des mondes infinis, des enfants s'assemblent. La tempête erre dans le ciel sans routes, les navires sombrent dans la mer sans sillages, la mort rôde et les enfants jouent. Sur le rivage des mondes infinis se tient la grande assemblée des enfants.

61.

Le sommeil qui volette sur les paupières du petit enfant — qui saura dire d'où il vient? — Moi. L'on m'a raconté qu'il habite, là, dans le village des fées, où, parmi les ombres de la forêt qu'éclairent tendrement les lucioles, se penchent deux timides fleurs enchantées. C'est de là qu'il vient pour poser un baiser sur les paupières du petit enfant.

Le sourire qui scintille sur les lèvres du petit enfant lorsqu'il dort — qui saura dire où il est né? Moi. L'on m'a raconté qu'un jeune pâle rayon de la lune nouvelle toucha le bord d'un défaillant nuage d'automne et que, là, dans le rêve d'un matin humide de rosée, un sourire naquit — le sourire qui scintille sur les lèvres du petit enfant lorsqu'il dort.

La suave exquise fraîcheur qui blondit les membres du petit enfant — qui saurait dire où d'abord elle était cachée? — Elle enveloppait d'un silencieux, amoureux et tendre mystère le cœur de la jeune vierge qu'était d'abord la mère — la suave exquise fraîcheur qui blondit les membres du petit enfant.

62.

Quand je t'apporte des jouets coloriés, mon enfant, je comprends pourquoi ce chatoiement de l'eau, de la nue, et pourquoi toutes les fleurs sont peintes — quand je te donne des jouets coloriés, mon enfant.

Quand, pour que tu danses, je chante, je sais vraiment pourquoi cette musique dans les ramures, pourquoi le chœur des vagues pénètre jusqu'au sein de la terre attentive — quand je chante pour que tu danses.

Quand je tends de doux objets vers tes mains avides, je sais pourquoi du miel dans le calice de la fleur, pourquoi ce suc exquis dont se gonfle en secret le fruit — quand je tends de doux objets vers tes mains avides.

Quand j'embrasse ta face pour te faire sourire, mon enfançon chéri, je comprends avec certitude quel est ce plaisir qui ruisselle du ciel dans le matin lucide, et quel délice c'est que la brise d'été offre à mon corps — quand je t'embrasse pour te faire sourire.

63.

Tu m'as fait connaître à des amis que je ne connaissais pas. Tu m'as fait asseoir à des foyers qui n'étaient pas le mien. Celui qui était loin, tu l'as ramené proche et tu as fait un frère de l'étranger.

Le cœur me faut quand je dois abandonner ma demeure coutumière; j'oublie alors que là-bas le passé habite encore dans l'avenir et que là aussi, toi, tu habites.

A travers naissance et trépas, dans ce monde ou dans d'autres, où que ce soit que tu me guides, c'est toi, le même, l'unique compagnon de ma vie infinie qui, toujours, avec des attaches de joie, relie mon cœur à l'insolite.

Pour celui qui te connaît, nul n'est plus étrange ou hostile : plus une porte n'est fermée. Oh! accorde-moi cette grâce : permets que je ne perde jamais cette félicité du toucher de l'unique, parmi le jeu de la diversité.

64.

Sur la berge du fleuve désolé, parmi les hautes
herbes, je lui demandai : « Fille, où vas-tu ainsi,
protégeant sous ton manteau la flamme de ta lampe ?
Ma maison est obscure et déserte; — prête-moi ta
lumière. » Un instant elle leva sur moi ses yeux sombres
et me dévisagea dans le crépuscule. « Je suis venue
vers le fleuve, m'a-t-elle dit, pour confier ma lampe
au courant, quand la dernière lueur du couchant
s'éteindra. » Et je restai seul parmi les hautes herbes,
contemplant cette faible flamme inutile qui s'enfuyait
à la dérive.

Dans le silence de l'ombre accrue, je lui demandai :
« Fille, toutes vos lampes sont allumées — dis-moi
donc où tu vas avec la tienne ? Ma maison est obscure
et déserte — prête-moi ta lumière. » Elle leva sur moi
ses yeux sombres et resta hésitante un instant. « Je
suis venue, dit-elle enfin, pour dédier ma lampe au
ciel. » Et je restai là, contemplant cette flamme inutile se consumer dans le désert.

Dans les ténèbres d'un minuit sans lune je lui
demandai : « Fille, que cherches-tu donc, en tenant
ainsi ta lampe contre ton cœur ? Ma maison est

obscure et déserte — prête-moi ta lumière. » Un instant elle s'arrêta et, pensivement, me dévisagea dans le noir. « J'ai apporté cette lumière, dit-elle, pour me mêler au carnaval des lampes[1]. » Et je restai là à contempler la petite lampe perdue parmi les feux.

1. Allusion à une fête populaire.

65.

Quel divin breuvage espères-tu, mon Dieu, de cette débordante coupe de ma vie?

Mon poète! est-ce là ton délice de voir ta création à travers mes yeux et, au parvis de mon oreille, d'écouter silencieux, ta propre divine harmonie?

A travers mon esprit, ton univers se tisse en paroles auxquelles ta joie communique la mélodie. Tu te donnes à moi par amour, et c'est alors qu'en moi tu prends conscience de ta suavité parfaite.

66.

Celle qui depuis toujours habite au profond de mon être, dans la pénombre et la demi-lueur; celle qui jamais n'a soulevé son voile dans la lumière du matin — je l'enveloppe de mon dernier chant, mon Dieu, pour te l'offrir en don suprême.

Les mots l'ont courtisée mais ne l'ont pas conquise; en vain la persuasion tend vers elle ses bras ardents.

J'ai rôdé de pays en pays, et je la gardais dans le cœur de mon cœur; autour d'elle est monté et puis est retombé le flux et le reflux de ma vie.

Sur mes pensées et sur mes actes, sur mes sommeils et sur mes rêves, elle règne, et pourtant réside à part et solitaire.

Plus d'un a frappé à ma porte, l'a réclamée et s'en est retourné sans espoir.

Nul au monde n'a jamais vu sa face; elle attend que tu la reconnaisses.

67.

Tu es le ciel et tu es le nid aussi bien.

Ô toi plein de beauté! ici, dans le nid des couleurs, des sons et des parfums, c'est ton amour qui enclôt l'âme.

Voici venir le matin, avec une corbeille d'or à la main droite, que charge la guirlande de beauté dont il va sans bruit parer la terre.

Et voici venir, par de vierges sentiers, le soir sur les pacages solitaires et qu'ont désertés les troupeaux; il apporte dans sa cruche d'or le frais breuvage de la paix, flot de l'océan de repos, pris à la rive occidentale.

Mais là, là où s'éploie le ciel infiniment afin que l'âme s'y essore, là règne intacte et blanche la splendeur. Il n'est plus là ni nuit ni jour, ni formes ni couleurs, et ni paroles, ni paroles.

68.

Sur cette terre que j'habite ton rayon descend bras ouverts et se tient devant ma porte, tout le long du jour de ma vie, pour cueillir et ramener à tes pieds les nuées faites de mes larmes, de mes soupirs et de mes chants.

Avec un tendre délice, cet humide manteau de nuées tu en revêts ta poitrine étoilée, l'enroulant, le plissant en formes sans nombre, le diaprant de tons inconstants.

Il est si léger, si fluide, et mol et plein de larmes, et noir, que c'est pourquoi tu l'aimes, ô toi sans tache, ô limpide! Et c'est pourquoi dessous son ombre pathétique tu couvres ton auguste et blanche splendeur.

69.

Le même fleuve de vie qui court à travers mes veines nuit et jour court à travers le monde et danse en pulsations rythmées.

C'est cette même vie qui pousse à travers la poudre de la terre sa joie en innombrables brins d'herbe, et éclate en fougueuses vagues de feuilles et de fleurs.

C'est cette même vie que balancent flux et reflux dans l'océan-berceau de la naissance et de la mort.

Je sens mes membres glorifiés au toucher de cette vie universelle. Et je m'enorgueillis, car le grand battement de la vie des âges, c'est dans mon sang qu'il danse en ce moment.

70.

T'appartient-il, Seigneur, de participer à la félicité
de ce rythme? d'être lancé, perdu, brisé dans le tourbillon de cette formidable joie?

Toute chose se précipite, sans arrêt, sans regard
en arrière, sans qu'aucun pouvoir puisse bien retenir,
toutes les choses se précipitent.

Emboîtant le pas au rythme de cette musique inlas-
sée, chaque saison accourt en dansant, puis passe
outre — couleurs, tons et parfums déversent d'infinies
cascades dans cette surabondante joie qui s'éparpille
et se renonce et meurt à tout moment.

71.

Que j'aie dû foisonner beaucoup et me retourner en tous sens, projetant ainsi des ombres bigarrées sur ta splendeur — telle est ta maya.

Tu poses une barrière à même ton propre être et, en myriades d'accents, disjoints de toi, tu réponds à ton propre appel. C'est ainsi qu'en moi ta départition a pris corps.

Ton chant poignant se reflète à travers les cieux en larmes irisées et en sourires, en frayeurs et en espérances; des vagues se dressent et s'écroulent, des songes se déchirent et se reforment. En moi tu te mets toi-même en déroute.

Cet écran que tu as dressé est diapré d'innombrables images qu'y peignent le jour et la nuit; derrière quoi ton siège est tissu d'un prodigieux mystère de courbes, toute brutale ligne droite exclue.

Cette grande parade de toi et de moi se déploie à travers le ciel. De l'accord de toi et de moi tout l'air vibre et la partie de cache-cache engagée entre toi èt moi se poursuit à travers les âges.

72.

C'est lui ce très intime qui éveille mon être à son profond toucher mystérieux.

C'est lui qui pose son enchantement sur mes yeux et qui, plein de gaîté, joue sur la harpe de mon cœur les changeantes cadences de la plaisance et du chagrin.

C'est lui qui tisse cette maya en teintes évanescentes d'or et d'argent, de bleu et de vert, et laisse apercevoir à travers les plis du tissu son pied au toucher duquel je défaille.

Viennent les jours, passent les âges, c'est lui toujours qui mon cœur émeut à maint nom et à mainte guise, à maint transport de joie et de chagrin.

Délivrance n'est pas pour moi dans le renoncement. Je sens l'étreinte de la liberté dans un million de liens de délices.

Emplissant à l'excès ce calice d'argile, toi, toujours tu verses pour moi le flot frais de ton vin aux multiples couleurs et parfums.

Mon univers allumera ses cent diverses lampes à ta flamme et devant l'autel de ton temple les placera.

Non! je ne vous fermerai jamais, portes de mes sens! Les délices du voir, de l'ouïr et du toucher comporteront ton délice.

Oui, mes illusions brûleront toutes en une illumination de joie et mes désirs mûriront tous en fruits d'amour.

74.

Le jour n'est plus, l'ombre est sur la terre. Il est temps que j'aille au fleuve emplir ma cruche.

L'air est impatient d'un murmure d'eau qui m'appelle. Là, dans le triste crépuscule, j'irai. Personne sur le sentier solitaire; le vent s'élève; un frisson rampe sur l'eau du fleuve.

Je ne sais si je reviendrai. Je ne sais quelle rencontre fortuite... Là, près du gué, dans la petite barque, l'homme inconnu joue sur son luth.

75.

Tes dons à nous autres mortels pourvoient à tous nos désirs, et pourtant retournent à toi non diminués.

La rivière accomplit sa tâche quotidienne; elle se hâte vers champs et hameaux, mais son flot incessant se détourne vers le lavement de tes pieds.

La fleur adoucit l'air de son parfum; mais son dernier service est l'offre d'elle-même à toi.

Ton culte n'appauvrit pas l'univers.

Les vers du poète offrent aux hommes les significations qui leur plaisent; mais leur signification dernière est la désignation de Toi.

76.

Jour après jour, ô Maître de ma vie, me tiendrai-je
devant toi face à face? Les mains jointes, ô Maître
des mondes, me tiendrai-je devant toi face à face?

Sous ton grand ciel, en silence et en solitude, avec
un humble cœur, me tiendrai-je devant toi face à
face?

Dans ce laborieux monde tien, tumultueux de
labeurs et de luttes, parmi l'agitation des foules, me
tiendrai-je devant toi face à face?

Et quand j'aurai fini mon travail dans ce monde,
ô Roi des rois, seul et muet, me tiendrai-je devant toi
face à face?

77.

Oui, je te connais pour mon Dieu, et je me tiens à l'écart, mais je n'ai pas fait de toi mon bien propre et ne te connais pas étroitement. Je te connais pour mon père et à tes pieds je me prosterne, je ne me saisi pas de ta main comme de celle d'un ami.

Là où tu poses sur notre terre et où tu te donnes pour mien, là je ne me tiens pas, prêt à te presser sur mon cœur, et à te prendre pour camarade.

Tu es le Frère parmi mes frères, mais je ne me soucie point d'eux; je ne répartis pas entre eux mes profits partageant ainsi mon tout avec toi.

Dans le plaisir et dans la peine, je ne me tiens pas près des hommes, ainsi restant à ton côté. J'hésite à renoncer ma vie, et c'est ainsi que je me plonge dans les eaux vastes de la vie.

78.

Quand la création était neuve et que les étoiles brillaient toutes dans leur première splendeur, les dieux tinrent leur assemblée dans le ciel et chantèrent : « Ô tableau de perfection ! joie sans mélange ! »

Mais l'un des dieux cria soudain : « Il semble qu'il y ait quelque part un laps dans cette chaîne de clarté et qu'une des étoiles se soit perdue. »

La corde d'or de leurs harpes rompit : leur chant s'arrêta, et dans l'épouvante ils pleurèrent : « Certes elle était la plus belle, cette étoile perdue, et la gloire de tous les cieux ! »

Depuis ce jour on la cherche sans cesse et la lamentation de l'un à l'autre se transmet : « Avec elle le monde aura perdu sa seule joie ! »

Cependant, dans le profond silence de la nuit, les étoiles sourient et murmurent entre elles : « Vaine est cette recherche ! Une perfection ininterrompue est partout ! »

Si ce n'est pas mon lot de te rencontrer dans cette vie, que du moins jamais je ne perde le regret de ne point t'avoir vu — que pas un instant je n'oublie, et que dans le rêve ou la veille j'emporte la torture de ce chagrin.

Tandis que s'écoulent mes jours parmi la foule mercantile et que mes mains s'emplissent des bénéfices quotidiens, que toujours je sente que je n'ai rien gagné — que pas un instant je n'oublie, et que dans le rêve ou la veille j'emporte la torture de ce chagrin.

Quand je me tiens sur le bord de la route, tout las et pantelant — quand je fais mon lit dans la poussière que toujours je sente que le long voyage est encore devant moi — que pas un instant je n'oublie, et que dans le rêve ou la veille j'emporte la torture de ce chagrin.

Quand mes chambres auront été pavoisées, quand retentiront les chants de flûte et les rires, que toujours je sente que je ne t'ai pas invité dans ma demeure — que pas un instant je n'oublie, et que dans le rêve ou la veille j'emporte la torture de ce chagrin.

8o.

Je me compare au lambeau de nuage qui dans le
ciel d'automne erre inutilement. Ô mon soleil éternellement glorieux ! à ton toucher ne s'est pas encore
dissoute ma brume, de sorte que je ne fasse plus qu'un
avec ta lumière ; ainsi je vais, comptant les mois et les
années où je suis séparé de toi.

Si tel est ton désir et si tel est ton jeu, empare-toi
de mon inconsistance fugitive, orne-la de couleurs,
que l'or la dore, que sur le vent lascif elle navigue, et
s'épande en miracles changeants.

Puis, de nouveau, si tel est ton désir de cesser ce
jeu à la nuit, je fondrai, disparaîtrai dans l'ombre ;
ou, peut-être, dans un sourire du matin blanc, dans la
fraîcheur de cette pureté transparente.

81.

Durant plus d'un jour de paresse j'ai pleuré sur le temps perdu. Pourtant il n'est jamais perdu, mon Seigneur! Tu as pris dans tes mains chaque petit moment de ma vie.

Caché au cœur des choses, tu nourris jusqu'à la germination la semence, jusqu'à l'épanouissement le bouton, et la fleur mûrissante jusqu'à l'abondance du fruit.

J'étais là, sommeillant sur mon lit de paresse et je m'imaginais que tout ouvrage avait cessé. Je m'éveillai dans le matin et trouvai mon jardin plein de merveilles et de fleurs.

82.

Le temps est infini dans tes mains, mon Seigneur.
Nul n'est là pour compter tes minutes.

Les jours et les nuits passent, les âges s'épanouissent
et puis se fanent comme des fleurs. Tu sais attendre.

Tes siècles se succèdent pour parfaire une frêle
fleur des champs.

Nous autres, nous n'avons pas de temps à perdre,
et parce que nous n'avons pas de temps, il nous faut
nous démener pour nos chances. Nous sommes trop
pauvres pour nous permettre d'être en retard.

Et c'est ainsi que le temps passe, tandis que je
l'abandonne à tous les plaignants qui le revendiquent;
cependant ton autel reste vide d'offrandes et dégarni.

A la fin du jour je me hâte dans la crainte que les
vantaux ne soient fermés; puis je trouve que pourtant
il est temps encore.

83.

Mère, pour toi je ferai un collier de perles avec les larmes de mon chagrin.

Pour couvrir tes pieds les étoiles ont ciselé leurs annelets de lumière, mais mon don veut pendre à ton cou.

La richesse et la renommée émanent de toi; il t'appartient de les donner et de les retenir. Mais cette mienne tristesse est bien absolument à moi, et quand je te l'apporte en offrande, ta grâce vient en récompense.

84.

C'est l'angoisse de la séparation qui s'épand par tout le monde et donne naissance à des formes sans nombre dans le ciel infini.

C'est ce chagrin de la séparation qui contemple en silence toute la nuit d'étoile en étoile et qui éveille une lyre parmi les chuchotantes feuilles dans la pluvieuse obscurité de juillet.

C'est cette envahissante peine qui s'épaissit en amours et désirs, en souffrances et en joies dans les demeures humaines, et, de mon cœur de poète, c'est toujours elle qui fond et ruisselle en chansons.

85.

Quand les guerriers sortirent d'abord du palais du Maître, où avaient-ils caché leur puissance? Où étaient leur armure et leurs armes?

Ils paraissaient pauvres et sans forces, et les flèches tombèrent sur eux dru comme grêle, le jour qu'ils sortirent du palais du Maître.

Quand les guerriers rentrèrent dans le palais du Maître, où cachèrent-ils leur puissance?

Ils avaient abandonné le glaive, abandonné l'arc et la flèche; la paix était sur leur front. Ils avaient laissé les fruits de leur vie derrière eux, le jour qu'ils rentrèrent dans le palais du Maître.

86.

Mort, ta servante est à ma porte. Elle a franchi la mer inconnue; elle m'apporte ton appel.

La nuit est sombre et mon cœur est peureux — pourtant je saisirai la lampe; j'ouvrirai les vantaux et j'inclinerai mon accueil. Car c'est ta messagère qui se tient devant ma porte.

Mains jointes, je l'honorerai de mes larmes. Je répandrai le trésor de mon cœur à ses pieds.

Et elle s'en retournera, son message accompli, laissant sur mon matin son ombre sombre; et dans la maison désolée rien ne restera plus, mon Seigneur, que moi-même à t'offrir en suprême don.

87.

En une attente désespérée je vais cherchant après elle dans tous les coins de ma demeure ; je ne la trouve pas.

Ma maison est petite, et ce qui une fois en est sorti jamais plus ne peut être ressaisi.

Mais immense est ton palais, mon Seigneur, et tandis que je cherchais après elle je suis parvenu devant ta porte.

Je m'arrête sous le céleste dais d'or de ton soir, et vers ton visage je lève mes yeux pleins de désir.

Je suis parvenu sur le bord de l'éternité d'où jamais rien ne se dissipe — nul espoir, nul bonheur, nul souvenir de visage entrevu à travers les larmes.

Oh ! trempe dans cet océan ma vie creuse, plonge-la dans le sein de cette plénitude, et que cette caresse perdue, je la ressente enfin dans la totalité de l'univers.

88.

Déité du temple en ruine! Les cordes rompues de *Vina* ne célèbrent plus tes louanges. La cloche du soir ne convie plus personne à ton culte. Autour de toi l'air est silencieux.

Dans ta demeure désolée circule au printemps la vagabonde brise. Elle apporte des nouvelles des fleurs — des fleurs qui ne sont plus offertes à ton culte.

Ton fidèle de jadis erre toujours bramant après une faveur non accordée. A la tombée du soir, quand les feux et les ombres se fondent dans la pénombre du crépuscule, tristement il revient à ton temple en ruine, avec le besoin dans son cœur.

Maint jour de fête n'amène à toi que du silence, Déité du temple en ruine. Mainte nuit de culte s'écoule sans que la lampe soit allumée.

Maintes images nouvelles façonnées par d'industrieux artistes, le fleuve sacré de l'oubli les emporte lorsque leur temps est révolu.

Mais toi, non adorée, tu subsistes, Déité du temple en ruine, immortellement négligée.

89.

Plus de paroles bruyantes, plus de mots à voix haute — ainsi le veut mon Maître. A des chuchotements j'aurai recours. Le parler de mon cœur désormais va se poursuivre dans les murmures d'un chant.

Les hommes s'empressent vers le marché du roi. Tous les vendeurs et tous les acheteurs sont là. Quant à moi, j'ai mon congé dans le milieu du jour, inopportunément au gros du travail.

Que donc les fleurs éclosent dans mon jardin, bien que ce ne soit point leur heure, et que l'abeille de midi occupe l'air de son assoupissant bourdonnement!

J'ai dépensé grand nombre d'heures dans le combat du bien et du mal, mais à présent c'est le plaisir du compagnon de mes jours vides de rappeler mon cœur à lui; et je ne sais pas ce que signifie cet appel brusque pour quelle inconséquence inutile.

90.

Le jour où la mort viendra frapper à ta porte, quel présent lui offriras-tu?

Je placerai devant la visiteuse la pleine coupe de ma vie — certes je ne souffrirai pas qu'elle reparte les mains vides.

Et la douce vendange de tous mes jours d'automne et de toutes mes nuits d'été; de ma vie affairée et les moissons et les glanures, au terme de mes jours je les placerai devant elle — quand, à ma porte, viendra frapper la mort.

91.

Ô toi, suprême accomplissement de la vie, Mort
ô ma mort, accours et parle-moi tout bas!

Jour après jour j'ai veillé pour t'attendre; pour
toi j'ai supporté les joies et les angoisses de la vie.

Tout ce que je suis, tout ce que j'ai, et mon espoir
et mon amour, tout a toujours coulé vers toi dans le
mystère. Un dernier éclair de tes yeux et ma vie
sera tienne à jamais.

On a tressé les fleurs et la couronne est prête
pour l'époux. Après les épousailles l'épouse quittera
sa demeure et, seule, ira dans la nuit solitaire, à la
rencontre de son Seigneur.

92.

Je sais qu'un jour viendra où je perdrai de vue cette terre; la vie prendra congé de moi en silence après avoir tiré le suprême rideau sur mes yeux.

Cependant les étoiles veilleront dans la nuit, l'aurore surgira comme la veille et les heures encore s'enfleront pareilles à des vagues marines apportant plaisirs et chagrins.

Quand je pense à cet arrêt de mes instants, la digue des instants se brise; soudain pour moi s'éclaire à la lumière de la mort ton univers avec ses trésors nonchalants. Exquise en est la plus humble demeure; exquise y est la vie la moins prisée.

Les biens que j'ai souhaités en vain et les biens que j'ai possédés, qu'ils s'en aillent! Et qu'à ces biens-là seuls en vérité je m'attache, que j'ai toujours méprisés ou que je n'avais pas voulu voir.

93.

J'ai mon congé! Souhaitez-moi bon voyage, mes frères! Je vous tire ma révérence.

Voici, je mets mes clefs sur la porte; je résigne tous droits sur ma maison. Accordez-moi seulement au départ quelques bonnes paroles.

Durant longtemps nous aurons été voisins, et j'ai reçu de vous plus que je ne pouvais vous donner. A présent le jour point; la lampe est consumée qui a éclairé mon coin sombre. Un appel est venu et je suis prêt pour le voyage.

94.

A cette heure du départ, souhaitez-moi bonne chance, mes amis! Le ciel est rougissant d'aurore; le sentier s'ouvre merveilleux.

Ne me demandez pas ce que j'emporte. Je pars en voyage les mains vides et le cœur plein d'attente.

Je mettrai ma couronne nuptiale. Je n'ai pas revêtu la robe brune des pèlerins; sans crainte est mon esprit bien qu'il y ait des dangers en route.

Au terme de mon voyage paraîtra l'étoile du soir, et les plaintifs accents des chants de la vesprée s'échapperont soudain de dessous l'arche royale.

95.

Je n'ai pas eu conscience du moment où, d'abord, j'ai franchi le seuil de cette vie.

Quel fut le pouvoir qui m'a fait éclore à ce vaste mystère, comme une fleur s'ouvre à minuit dans la forêt?

Lorsqu'au matin mes yeux se sont ouverts à la lumière, j'ai aussitôt senti que je n'étais pas un étranger sur cette terre et que, sous la forme de ma mère, l'inconnaissable sans forme et sans nom m'embrassait.

Ainsi de même, dans la mort, le même inconnu m'apparaîtra comme si je l'avais connu toujours. Et parce que j'aime cette vie, je sais que j'aimerai la mort aussi bien.

L'enfant gémit lorsque la mère le retire de son sein droit, pour un instant après, trouver consolation dans le sein gauche.

96.

Lorsque je m'en irai d'ici, que ceci soit mon mot de partance : que ce que j'ai vu est insurpassable.

J'ai goûté au miel secret de ce lotus qui s'étale sur l'océan de la lumière, et ainsi j'ai été béni — que ce soit mon mot de partance.

J'ai joué dans ce palais des formes infinies et là j'ai aperçu celui qui est sans formes.

Mes membres et mon corps entier ont tressailli au toucher de celui qui n'est pas tangible. Ah! si la fin doit venir ici, qu'elle vienne! — ceci soit mon mot de partance.

97.

Quand nous jouions ensemble, jamais je n'ai demandé qui tu étais. Je ne connaissais ni timidité, ni frayeur; ma vie était impétueuse.

Au petit matin, comme un franc camarade, tu m'appelais de mon sommeil et de clairière en clairière tu m'entraînais en courant.

En ce temps-là je ne m'inquiétais pas de connaître la signification des chansons que tu me chantais. Ma voix simplement reprenait les mélodies; mon cœur dansait à leur cadence.

Mais à présent que l'heure des jeux est passée, quelle est cette vision soudaine? — L'univers et toutes les silencieuses étoiles se tiennent, pleines de révérence, les regards baissés vers tes pieds.

98.

Je te couvrirai de trophées, des guirlandes de ma défaite. Il n'est jamais en mon pouvoir de m'échapper de toi non vaincu.

Certes je pressens la déroute de mon orgueil; je sais que dans l'excès de la peine ma vie crèvera ses limites; mon cœur vide, semblable au roseau creux, exhalera de mélodieux sanglots et les cailloux fondront en larmes.

Certes, je sais que ne resteront pas clos à jamais les cent pétales du lotus, mais qu'ils découvriront le trésor secret de leur nectar.

Du haut du ciel un œil surveille qui va me convoquer en silence. Rien ne me sera laissé, rien que ce soit, et à tes pieds je recevrai la mort complète.

99.

Quand je lâcherai le gouvernail, je connaîtrai que
le temps est venu que tu le prennes. Ce qu'il y aura
à faire, aussitôt sera fait. Vaine est ma peine.

Alors, résigne-toi, mon cœur! sans bruit consens
à ta défaite, et tiens pour bonne fortune de reposer
et tout tranquille, là où tu as été placé.

Ces lampes sans cesse s'éteignent au plus petit
souffle du vent; dans l'effort de les rallumer, sans cesse
j'oublie tout le reste.

Mais, cette fois, je serai sage; j'attendrai dans le noir
étalant mon tapis sur le sol, et quand il te plaira, mon
Seigneur, approche-toi sans bruit : voici ta place!

100.

Je plonge aux profondeurs de l'océan des formes, dans l'espoir d'atteindre la perle parfaite et sans forme.

Je ne navigue plus de havre en havre dans cette barque battue par la tempête. Les jours sont loin où je faisais mon jeu d'être secoué par les flots.

Et maintenant j'aspire à mourir dans ce qui est sans mort.

Dans la salle d'audience, près de l'abîme sans fond d'où émane une musique sans notes, je saisirai la harpe de ma vie.

Je t'accorderai selon le mode de l'éternel, harpe! et quand aura vibré ton suprême sanglot, aux pieds du Silencieux, je te reposerai silencieuse.

101.

Mes chants t'ont recherché toute ma vie. Ce furent eux qui me guidèrent de porte en porte. C'est par eux que, palpant et scrutant mon univers, alentour de moi j'ai senti.

Ce furent mes chants qui m'enseignèrent tout ce que j'ai jamais appris, qui m'indiquèrent les sentes cachées et proposèrent à ma vue maint astre sur l'horizon de mon cœur.

Mes chants m'ont conduit le long du jour vers la mystérieuse contrée du plaisir et de la douleur, et maintenant jusqu'à la grille de quel palais m'ont-ils amené dans le soir, tandis que finit mon voyage?

Oui, devant eux je me suis vanté de te connaître.
C'est ton portrait qu'ils voient dans tout mon œuvre.
Ils viennent et me demandent : « Qui donc est-il? »
— et je ne sais que leur répondre. « En vérité que vous
dirais-je? » Ils me blâment et se détournent avec
mépris. Et toi tu restes là plein de sourires.

Je t'ai raconté dans des chansons inoubliables.
Le secret a jailli de mon cœur. Ils viennent et me
demandent : « Dis-nous tout ce qu'elles signifient. »
Je ne sais que leur répondre. « Ah! ah! qui sait ce
qu'elles veulent dire? » Ils sourient et se détournent
avec parfait mépris. Et toi tu restes là plein de sourires.

103.

Dans une salutation suprême, mon Dieu, que tous mes sens se tendent et touchent ce monde à tes pieds.

Pareil au nuage de juillet traînant bas sa charge d'averses, que mon esprit s'incline devant ta porte dans une suprême salutation.

Que les cadences de mes chants confluent en un accord unique et rejoignent l'océan de silence dans une suprême salutation.

Pareil au troupeau migrateur d'oiseaux qui, nuit et jour, revolent impatients vers les nids qu'ils ont laissés dans la montagne, que ma vie, ô mon Dieu, s'essore toute vers son gîte éternel dans une suprême salutation.

La Corbeille de fruits

I.

Commande, et je cueillerai tous mes fruits pour te les apporter à pleines corbeilles dans ton jardin, quoiqu'il y en ait de gâtés, et d'autres verts encore.

Car la saison devient lourde de sa splendeur, et la flûte du berger se plaint dans l'ombre.

Commande, et je mettrai à la voile sur la rivière.

Le vent de mars s'est levé, il a troublé les vagues alanguies.

Le jardin a exhalé toute son âme, et dans l'heure attristée du soir, un appel est venu de ta maison, sur la plage dorée par le couchant.

2.

Ma vie à son aurore était pareille à la fleur — la fleur épanouie qui laisse tomber un ou deux de ses pétales, et ne sent point sa perte quand la brise du printemps vient quêter à sa porte.

Aujourd'hui que sa jeunesse est finie, ma vie est pareille au fruit qui n'a plus rien à épargner : elle attend, pour s'offrir tout entière, avec tout son fardeau de douceur.

3.

La fête de l'été n'existe-t-elle que pour les fleurs closes? ou pour les feuilles mortes et les fleurs qui se fanent?

Le chant de la mer ne s'accorde-t-il qu'avec les houles grandissantes?

Ne chante-t-il pas aussi avec les vagues apaisées?

Des joyaux sont tissés dans le tapis où mon roi se tient debout; mais l'humble sol aussi attend patiemment que ses pieds l'effleurent.

Peu nombreux sont les sages et les grands assis aux côtés de mon Maître; mais il a pris les simples dans ses bras, et il a fait de moi pour toujours son serviteur.

4.

Je m'éveillai et trouvai son message avec le matin.
Je ne sais ce qu'il m'apportait, car je n'ai point
appris à lire.

Je laisserai l'homme savant à ses livres, je ne l
questionnerai point : sais-je seulement s'il pourrai
le comprendre?

Je toucherai mon front avec la lettre, je la presserai
sur mon cœur.

Quand la nuit deviendra muette, et que les étoile
sortiront une à une, je l'ouvrirai sur mes genoux e
resterai silencieux.

Les feuilles murmurantes me la liront tout haut
la rivière rapide me la fredonnera, et les sept étoile
de la connaissance me la chanteront des cieux.

Je n'arrive pas à trouver ce que je cherche; ce qu
je voudrais apprendre, je ne le comprends point
mais ce message que je n'ai pas su déchiffrer a soulev
mon fardeau, et mes pensées en ont été changées e
mélodies.

5.

Une poignée de sable aurait pu me cacher ton signal, quand je n'en savais point le sens.

Maintenant que je suis plus averti, je le lis dans tout ce qui me le cachait autrefois.

C'est lui qui colore les pétales des fleurs ; les vagues l'illuminent de leur écume, et les monts le font resplendir sur leurs sommets.

J'avais détourné de toi mon visage, c'est pourquoi j'épelais de travers tes lettres, dont je ne savais point le sens.

6.

Où les routes sont tracées, je perds mon chemin.
Sur la vaste mer, dans le bleu du ciel, il n'y a point de lignes marquées.

Le sentier est caché par les ailes des oiseaux, le feu des étoiles, par les fleurs des saisons différentes.

Et je demande à mon cœur : ton sang ne porte-t-il point la connaissance de l'invisible chemin ?

7.

Hélas! je ne puis plus rester dans la maison; le foyer n'est plus un foyer pour moi, car l'éternel Étranger appelle, je l'entends qui marche sur la route.

Chacun de ses pas frappe sur mon cœur et me fait souffrir!

Le vent se lève et la mer gémit.

J'abandonnerai tous mes travaux et mes scrupules pour suivre cette force errante, car l'Étranger m'appelle, je l'entends qui marche sur la route.

8.

Sois prêt à t'élancer, mon cœur! et laisse derrière
toi ceux qui doivent s'attarder.

Car ton nom a été appelé dans le ciel du matin.
N'attends personne!

Le bouton qui fleurit désire la nuit et la rosée,
mais la fleur éclose crie vers la lumière qui délivre.

Brise tes entraves, ô mon cœur, élance-toi!

9.

Lorsque je m'attardais au milieu de mes trésors massés, je me sentais pareil au ver qui se nourrit dans l'ombre du fruit où il est né.

Je quitterai cette prison périssable.

Je ne veux point d'une mortelle quiétude, car je pars à la recherche de la jeunesse éternelle; je rejetterai tout ce qui n'est pas en accord avec ma vie, ou léger comme mon rire.

Je vole à travers le temps, et dans ton char, ô mon cœur, danse le poète qui chante, tandis qu'il parcourt les espaces.

10.

Tu m'avais pris par la main et m'avais fait asseoir sur un trône à tes côtés, devant tous les hommes; j'en devins craintif, incapable de bouger ou de marcher par ma propre volonté, doutant et discutant à chaque pas, de peur d'encourir les épines de leur disgrâce.

Je suis libéré, enfin!

Le coup fatal est venu, la trompette de l'insulte a retenti, et mon trône est tombé dans la poussière.

Mes chemins s'étendent devant moi.

Mes ailes se gonflent du désir des cieux.

J'irai rejoindre les étoiles filantes des minuits pour plonger dans l'ombre profonde.

Je serai pareil au nuage ballotté par la tempête de l'été, qui, découronné de sa lumière dorée, suspend comme une épée la foudre sur une chaîne fulgurante.

Avec une joie désespérée je cours sur le chemin poussiéreux des dédaignés; je m'approche peu à peu de ton ultime accueil.

L'enfant trouve sa mère, lorsqu'il a quitté ses entrailles.

Et parce que j'ai été séparé de toi et jeté loin de ton seuil, je suis libre de contempler ton visage.

11.

Elle ne me pare que pour se jouer de moi, cette chaîne précieuse qui est mienne.

Elle me meurtrit quand elle est à mon cou, elle m'étrangle quand je m'efforce de l'en arracher.

Elle s'agrippe à ma gorge, elle étouffe mes chants.

Que ne puis-je la déposer en offrande dans tes mains, Seigneur, je serais sauvé.

Reprends-la, et, en échange, lie-moi à toi par un doux nœud, car j'ai honte à me tenir devant toi avec cette chaîne précieuse à mon cou.

12.

Rapide et clair, le Jumna coulait dans la vallée surplombé par la berge escarpée.

Des collines ombreuses et boisées, sillonnées de torrents, s'arrondissaient tout autour.

Govinda, le grand prédicateur sikh, était assis sur le roc et lisait les écritures, quand Raghunath son disciple, fier de ses richesses, s'inclina devant lui disant : « Je t'apporte mon humble présent, indigne d'être agréé. »

Et il déposa devant lui une paire de bracelets d'or, ouvragés de pierres de grand prix.

Le maître en prit un, le fit tourner autour de son doigt, et les diamants lancèrent leurs éclairs de lumière.

Soudain le bracelet, glissant de sa main, roula le long de la berge jusque dans la rivière.

« Hélas! » s'exclama Raghunath, et il sauta dans l'eau courante.

Le maître abaissa les yeux sur son livre, et l'eau gardant et cachant ce qu'elle avait dérobé, continua son cours.

Le jour s'éteignait quand Raghunath s'en revint vers le maître, las et trempé.

Tout hors d'haleine il lui dit : « Je pourrais quand même le retrouver, si seulement tu me montrais l'endroit où il est tombé. »

Alors le maître, élevant le bracelet qui restait, le lança dans la rivière en disant : « Il est là. »

13.

Marcher, c'est te rencontrer à chaque instant, ô Compagnon de voyage!

C'est chanter au bruit de tes pas!

Celui que ton souffle a touché ne vogue pas à l'abri du rivage.

Il déploie au vent une voile agitée et navigue sur une eau tumultueuse.

Celui qui ouvre toute grande sa porte et en franchit le seuil reçoit ta salutation.

Il ne reste point à compter son gain ou s'apitoyer sur ses pertes; les battements de son cœur scandent sa marche; car tu chemines avec lui pas à pas, ô Compagnon de voyage!

14.

Ma part de biens dans ce monde me doit venir de tes mains : telle fut la promesse.

C'est pourquoi ta lumière luit au travers de mes larmes.

J'hésite à suivre les autres, de peur de te manquer, là où tu m'attends pour être mon guide, à quelque tournant de route.

Je marcherai obstinément dans mon propre chemin, jusqu'à ce que ma folie même te pousse à ma porte.

Car j'ai ta promesse, que ma part de biens dans ce monde me doit venir de tes mains.

15.

Ton langage est simple, ô Maître, mais non celui des disciples qui parlent en ton nom.

Je comprends la voix de tes étoiles et le silence de tes arbres.

Je sais que mon cœur voudrait s'ouvrir comme la fleur; que ma vie s'est gonflée aux sources d'une invisible fontaine.

Tes chants, comme des oiseaux venus du pays désolé des neiges, ont volé jusqu'à mon cœur pour y bâtir leur nid et s'y abriter des chaleurs d'avril, et je suis satisfait, dans l'attente de la saison heureuse.

16.

Ils connaissaient la route et s'en allèrent te chercher le long de l'étroit sentier; mais moi, j'errais très loin dans la nuit, car j'étais ignorant.

Je n'étais pas assez savant pour avoir peur de toi dans l'obscurité, c'est pourquoi je trouvai ton seuil par hasard.

Les sages me repoussèrent et m'ordonnèrent de m'en retourner, car je n'avais pas suivi l'étroit sentier.

Plein de doutes, j'allais repartir, quand tu m'as retenu fortement contre toi; et chaque jour leur fureur est devenue plus grande.

17.

Je saisis ma lampe terrestre, et, sortant de la maison je criai : « Venez, enfants, j'éclairerai votre sentier!

La nuit était encore profonde lorsque je m'en revins, laissant la route à son silence, et criant « Éclaire-moi, ô divin Feu! car ma lampe terrestre gît brisée dans la poussière! »

18.

Non, il n'est pas en ton pouvoir de faire éclore
le bouton.

Secoue-le, frappe-le : tu n'auras pas la puissance
de l'ouvrir.

Tes mains l'abîment; tu en déchires les pétales et
les jettes dans la poussière.

Mais aucune couleur n'apparaît, et aucun parfum.

Ah! il ne t'appartient pas de le faire fleurir.

Celui qui fait éclore la fleur travaille si simplement.

Il y jette un regard, et la sève de vie coule dans ses
veines.

A son haleine, la fleur déploie ses ailes et se balance
au gré du vent.

Comme un désir du cœur, sa couleur éclate, et son
parfum trahit un doux secret.

Celui qui fait éclore la fleur travaille si simplement.

19.

Sudas, le jardinier, ayant cueilli sur son étang le dernier lotus épargné par les ravages de l'hiver, vint pour le vendre au roi, à la barrière du palais.

Il y rencontra un voyageur qui lui demanda : « Dis ton prix pour ce dernier lotus, — je veux l'offrir au Seigneur Bouddha. »

Sudas répondit : « Si tu me donnes un *masha* d'or, il est à toi. »

Le voyageur paya.

Au même instant, le roi sortait ; et il désira acheter la fleur, car il s'en allait prier le Seigneur Bouddha et il songeait : « Ce serait un beau présent à mettre à ses pieds, le lotus qui a fleuri en hiver. »

Le jardinier ayant dit qu'un *masha* d'or lui en avait été offert, le roi lui en promit dix, mais le voyageur aussitôt doubla le prix.

Alors le jardinier, s'inclinant, dit : « Je ne peux vendre mon lotus. » Car, dans son avidité, il s'imaginait que le Seigneur Bouddha lui-même en donnerait un plus grand prix encore.

Dans l'ombre silencieuse du berceau de manguiers,

par-delà les murs de la ville, Sudas est debout devant le Seigneur Bouddha, sur les lèvres duquel est posé le silence de l'amour, et dont les yeux rayonnent une paix pareille à l'étoile lumineuse du matin, quand l'automne est lavé par la rosée.

Sudas a levé les yeux vers son visage; il a mis le lotus à ses pieds, et courbé sa tête dans la poussière.

Bouddha sourit et lui demande : « Quel est ton vœu, mon fils ? »

Et Sudas s'écrie : « Le moindre attouchement de tes pieds. »

20.

Ô Nuit, Nuit voilée, fais de moi ton poète!

Certains se sont tenus, muets, dans ton ombre, durant des siècles; laisse-moi révéler leurs chants.

Prends-moi sur ton chariot sans roues qui bondit silencieusement de monde en monde, ô toi, reine dans le palais du temps, toi, magnifique et obscure!

Plus d'un esprit qui interroge est entré furtivement dans ta cour, et a rôdé dans ta maison sans lumière, demandant une réponse.

De plus d'un cœur, transpercé par cette flèche de la joie que tirait la main inconnue, le chant de jubilation a éclaté, ébranlant l'obscurité jusqu'en ses fondements.

Ces âmes attentives ont levé leur regard vers la lumière étoilée, et s'étonnent d'un trésor si soudainement trouvé.

Fais de moi leur poète, ô Nuit, le poète de ton insondable silence.

21.

Un jour je rencontrerai la Vie en moi, la joie qui
sa cache dans ma vie, quoique les jours troublent
mon sentier de leur inutile poussière.

Je l'ai reconnue par éclairs, et son souffle incertain,
en venant jusqu'à moi, a parfumé un instant mes
pensées.

Un jour, je la rencontrerai en dehors de moi,
la joie qui habite derrière l'écran de lumière — je
serai dans la submergeante solitude, où toutes choses
sont vues comme par leur créateur.

22.

Ce matin d'automne est excédé de lumière, et si tes chants se font capricieux et las, donne-moi ta flûte un instant.

Je jouerai avec elle suivant ma fantaisie — tantôt sur mes genoux, tantôt à mes lèvres, tantôt posée sur l'herbe à mes côtés.

Mais dans le silence solennel du soir je cueillerai des fleurs pour l'en couvrir avec des couronnes, je la remplirai de parfums; avec une lampe allumée, je lui rendrai mon culte.

Puis à la nuit je reviendrai vers toi et te la rendrai.

Et tu joueras sur elle la musique de minuit, quand le solitaire croissant de lune erre parmi les étoiles.

23.

L'âme du poète danse et plane, sur les vagues de la vie parmi les voix des marées et des vents.

Maintenant que le soleil s'est couché et que le ciel obscurci s'abaisse sur la mer comme de longs cils sur des yeux fatigués, c'est l'heure où le poète, posant sa plume, laisse ses pensées s'enfuir vers les insondables profondeurs du silence éternel et secret.

24.

La nuit est noire, et ton sommeil profond dans le silence de mon âme.

Éveille-toi, ô Douleur d'Amour, car je ne sais comment ouvrir la porte, et je me tiens dehors.

Les heures se recueillent, les étoiles veillent, le vent s'est tu, et le silence est lourd dans mon âme.

Éveille-toi, Amour, éveille-toi! Remplis ma coupe vide, et d'une note de ton chant, viens troubler la nuit.

25.

L'oiseau du matin chante.

Comment sait-il que l'aurore va poindre, alors que le dragon de la nuit enlace encore le ciel de ses replis glacés et noirs?

Dis-moi, oiseau du matin comment, au travers de la double nuit du ciel et des arbres, il trouva son chemin jusque dans tes rêves, le messager qui surgit de l'Orient?

Le monde ne pouvait te croire lorsque tu t'es écrié : « Il vient, le soleil, et la nuit n'est plus. »

Ô dormeur, éveille-toi!

Découvre ton front, dans l'attente du premier rayon béni de lumière, et chante avec l'oiseau du matin en joyeuse ferveur.

26.

Le mendiant qui est en moi éleva ses mains amaigrie
vers le ciel sans étoiles et cria dans l'oreille de la nui
son appel affamé.

Ses prières s'envolèrent vers l'aveugle obscurité
qui se tient, tel un dieu déchu, dans un ciel désolé
peuplé d'espoirs morts.

La plainte du désir y mourait au bord d'un abîme
de désespoir; un oiseau gémissant tournoyait autour
de ce nid déserté.

Mais lorsque le matin jeta son ancre sur le rivage
de l'Orient, le mendiant qui est en moi bondit en
criant : « Béni suis-je, parce que la sourde nuit m'a
renié, et que son trésor est vide. »

Il chanta encore : « Ô Vie, ô Lumière, vous êtes
précieuses! et précieuse aussi, la joie qui vous connaît
enfin! »

27.

Sanatan égrenait son chapelet sur les bords du Gange, lorsqu'un Brahmine en haillons vint à lui, disant : « Secours-moi, car je suis pauvre. »

« Il ne me reste plus que mon écuelle à aumônes, dit Sanatan, car j'ai distribué tout ce que je possédais. »

« Mais notre Seigneur Shiva m'est apparu en rêve », répondit le Brahmine, « et il m'a conseillé de venir te trouver. »

Sanatan soudain se rappela qu'il avait ramassé une pierre sans prix parmi les galets de la rive, et qu'il l'avait cachée dans les sables, pensant qu'elle pourrait être utile à quelqu'un.

Du doigt il indiqua l'endroit au Brahmine qui, étonné, déterra la pierre.

Le Brahmine s'assit sur le sol et se prit à songer, solitaire, jusqu'au moment où le soleil disparut derrière les arbres, à l'heure où les bergers ramènent leurs troupeaux au bercail.

Alors, se levant, il vint lentement jusqu'à Sanatan et lui dit : « Maître, donne-moi la plus petite parcelle de cette richesse qui dédaigne toutes les richesses du monde. »

Ce disant, il jeta dans la rivière la pierre sans prix.

28.

Jour après jour, je venais à ta porte, les main
suppliantes, demandant encore et toujours.

Tu me donnas et donnas sans fin, tantôt avec
mesure, tantôt en soudaine abondance.

Je pris quelques-uns de tes dons et en laissai tombe
d'autres; les premiers étaient lourds à mes mains
je fis, avec les autres, des jouets que je brisai quan
j'en fus las; jusqu'à ce qu'enfin les débris et les trésor
amassés de tes dons eussent formé une telle montagne
qu'ils te cachèrent à ma vue; et l'attente incessant
consuma mon cœur.

Prends, oh, reprends — est maintenant le cr
de mon cœur.

Brise cette écuelle de mendiant : éteins cett
lampe de veilleur importun; saisis mes mains, élève
moi au-dessus de cet amas toujours grandissant d
tes bienfaits, jusqu'à l'immensité déserte où je trou
verai ta présence solitaire.

29.

Tu m'as placé parmi les vaincus.
Je sais qu'il ne m'appartient ni de vaincre, ni de
ortir de la lutte.

Je plongerai dans l'abîme quitte à en toucher
e fond.
Je jouerai le jeu de ma défaite.

Je jouerai tout ce que je possède, et quand j'aurai
out perdu, je jouerai jusqu'à mon être même, et
peut-être alors aurai-je tout reconquis, à travers mon
otal dépouillement.

30.

Un sourire de joie illuminait le ciel lorsque tu revêtis mon âme de haillons, et l'envoyas mendier le long des routes.

Elle s'en allait de porte en porte, et bien souvent alors que son écuelle était presque remplie, elle lui fut dérobée.

A la fin d'un jour de fatigue elle arriva devant la barrière de ton palais, élevant son écuelle misérable tu vins alors, tu la pris par la main et la fis asseoir à tes côtés dans ta splendeur.

31.

« Qui d'entre vous se chargera de nourrir les affamés ? » demanda le Seigneur Bouddha à ses disciples, alors que la famine faisait rage à Shravasti.

Ratnakar, le banquier, baissa la tête en disant : « Il faudrait beaucoup plus que ma fortune, pour nourrir ceux qui ont faim. »

Jaysen, le chef de l'armée du roi, dit : « Je donnerais joyeusement le sang de ma vie, mais il n'y a pas assez de nourriture dans ma maison. »

Dharmapal, qui possédait de grands pâturages, soupira : « Le Dieu des vents a desséché mes champs, et je ne sais comment acquitter les impôts du roi. »

Alors, Supriya, la fille du mendiant, se leva.
Elle s'inclina devant tous et dit humblement : « Je nourrirai ces misérables. »

« Et comment ? s'écrièrent-ils tous avec surprise. Comment espères-tu pouvoir accomplir ton vœu ? »

« Je suis la plus pauvre d'entre vous, dit Supriya, et c'est là ma force. Mon trésor et mon abondance, je les trouverai à chacune de vos portes. »

32.

Mon roi m'était inconnu; aussi, quand me fut réclamé l'impôt, je songeai hardiment à me cacher, laissant mes dettes en souffrance.

Je m'enfuis et m'enfuis encore, plus loin que le travail de mes jours et les rêves de mes nuits.
Ainsi ai-je appris que je suis connu de lui et que rien de moi ne m'appartient.

Maintenant je n'ai plus qu'un désir : mettre à ses pieds tout mon bien, et gagner ainsi le droit d'avoir ma place dans son royaume.

33.

Quand je songeai à sculpter d'après ma vie une image de toi pour l'adoration des hommes, j'apportai mes désirs et leurs cendres, toutes mes chatoyantes illusions, et mes rêves.

Quand je te priai de créer avec ma vie une image jaillissant de ton âme pour que tu l'aimes, tu apportas ton feu et ta force; ta vérité, ton amour et ta paix.

34.

« Sire, annonça le serviteur à son Roi, Narottam, le saint, n'a jamais daigné entrer dans ton temple royal.

« Il chante les louanges de Dieu sous les arbres de la grande route. Et le temple est vide d'adorateurs.

« Ils se pressent autour de lui comme les abeilles autour du blanc lotus, et négligent la jatte d'or pleine de miel. »

Le Roi, vexé dans son cœur, s'en vint là où se trouvait Narottam assis sur l'herbe.

Il lui demanda : « Père, pourquoi abandonner mon temple au dôme d'or, et t'asseoir dehors dans la poussière pour prêcher l'amour de Dieu ? »

« Parce que Dieu n'est point là, dans ton temple », dit Narottam.

Le Roi fronçant le sourcil répondit : « Sais-tu que vingt millions d'or furent dépensés pour créer cette merveille de l'art, et qu'elle fut consacrée à Dieu avec des rites coûteux ? »

« Oui, je le sais, répondit Narottam ; ce fut l'année où des milliers de tes sujets, ayant eu leurs maisons brûlées, demandaient en vain du secours à ta porte.

« Et Dieu songea : "Cette misérable créature qui ne peut donner un abri à ses frères me construirait une demeure!"

« Et il prit place avec les sans-foyer, sous les arbres de la grande route.

« Et cette bulle de savon dorée est vide de tout, sauf d'un encens fumant d'orgueil. »

Le Roi s'écria dans sa colère : « Quitte mon pays! »

Calmement le saint répliqua : « Oui bannis-moi, là où tu as déjà banni ton Dieu. »

35.

La trompette gît dans la poussière.
Le vent est las, la lumière, morte.
Ah! le jour de malheur!
Venez, combattants, qui portez vos drapeaux
et vous, chanteurs, avec vos chants de guerre!
Venez, pèlerins des grandes marches, qui vous
hâtez sur les routes!
La trompette gît dans la poussière et nous attend

J'étais en chemin vers le temple, avec mes offrandes
du soir; je cherchais un lieu de repos après le travail
poussiéreux du jour; j'avais l'espoir d'un baume pour
mes plaies et d'une eau lustrale pour mes vêtements
souillés, quand je découvris ta trompette gisant dans
la poussière.
N'était-ce point l'heure, pour moi, d'allumer
ma lampe du soir?
La nuit ne chantait-elle pas sa berceuse aux étoiles?
Ô toi, rose d'un rouge sang, mes pavots de sommeil
ont pâli et se sont fanés!
Je connus que mes égarements étaient passés
et mes dettes payées, quand soudain je découvris
la trompette gisant dans la poussière.

Frappe mon cœur assoupi avec la magie de ta jeunesse!

Que ma joie de vivre flamboie comme une flamme.

Que les flèches de l'aube traversent le cœur de la nuit, et qu'un frémissement d'effroi secoue l'aveuglement et l'inertie.

Je suis venu pour relever ta trompette de la poussière.

Le sommeil ne m'habitera plus — je marcherai à travers des flèches innombrables.

Quelques-uns, sortant de leurs maisons, accourront à mes côtés — d'autres gémiront.

D'autres, dans leur sommeil, s'agiteront et crieront dans des rêves angoissés.

Car cette nuit ta trompette retentira.

Je t'ai demandé la paix et n'ai trouvé que la honte.

Maintenant je me tiens devant toi — aide-moi à revêtir mon armure!

Que les coups terribles du malheur fassent jaillir des flammes de ma vie.

Et que mon cœur, dans la douleur, batte une marche de victoire.

Alors, de mes mains dépouillées, je saisirai ta trompette.

36.

Lorsque, dans leur joie démente, ils ramassèrent de la boue pour en souiller ta robe, ô Magnifique, mon cœur en défaillit.

Je criai vers toi : « Prends la verge du châtiment et juge-les. »

La lumière du matin frappait ces yeux rouges de l'orgie nocturne; le jardin des lys blancs dut accueillir leur brûlante haleine; les étoiles, à travers la profondeur de la nuit sacrée, contemplaient leurs débauches — la débauche de ceux qui ramassaient de la boue pour en souiller ta robe, ô Magnifique!

Le trône de ta justice s'élevait dans le jardin des fleurs, dans un printemps animé de chants d'oiseaux : au bord des berges ombreuses, où le murmure des arbres répond à celui des vagues.

Ô Adorable, ils furent sans pitié dans leur égarement.

Ils rôdèrent dans l'obscurité pour arracher tes ornements et en parer leurs propres désirs.

Lorsqu'ils t'eurent frappé et qu'ils t'eurent fait souffrir, j'en eus le cœur percé et je criai vers toi, disant : « Prends ton épée, ô Adorable, et châtie-les ! »

Mais ta justice veillait.

Tu versas les larmes d'une mère sur leur insolence; la foi impérissable de l'amour cacha dans ses propres blessures leurs armes de rébellion.

Ton châtiment, ce fut la muette souffrance de l'amour qui ne dort point; la rougeur de la pureté, les larmes de l'affligé dans la nuit; ce fut la pâle lumière matinale du pardon.

Ô Terrible, dans leur croissante avidité, ils for-cèrent une nuit ta barrière, brisant les portes de tes trésors, pour te les dérober.

Mais le fardeau de leur rapine devint si lourd, qu'ils ne purent l'emporter ni même le mouvoir.

Alors je criai vers toi disant : « Pardonne-leur, ô Terrible ! »

Et ton pardon se répandit en tempêtes et les ren-versa, éparpillant leurs vols dans la poussière.

Ton pardon était dans la foudre, dans cette pluie de sang; dans le rayon, rouge d'orage, du soleil couchant.

37.

Upagupta, le disciple de Bouddha, dormait dans la poussière, étendu contre le mur de la cité de Mathura.

Toutes les lampes étaient éteintes, les portes fermées; toutes les étoiles, cachées dans le ciel nébuleux d'août.

A qui appartenaient-ils, ces pieds dont les bracelets tintaient et qui, soudain, effleurèrent son sein?

Il s'éveilla, tressaillant, et la lumière d'une lampe de femme frappa ses yeux qui déjà pardonnaient.

C'était une danseuse, constellée de bijoux, enroulée dans un manteau bleu pâle, ivre du vin de sa jeunesse.

Elle abaissa sa lampe et aperçut le jeune visage, d'une austère beauté.

« Pardonne, ô jeune ascète, dit la femme, et condescends à venir dans ma maison, car la terre poussiéreuse n'est point un lit convenable pour toi. »

« Femme, répondit l'ascète, va ton chemin; quand les temps seront mûrs, je viendrai à toi. »

Soudain, la nuit noire fut déchirée par l'éclair de la tempête.

Du bout de l'horizon elle accourait en grondant, et la femme en tremblait de peur.

Les branches des arbres, sur les côtés de la route, pliaient sous les fleurs en boutons.

Les notes joyeuses de la flûte flottaient au loin avec les chaudes brises du printemps.

Les citadins fêtaient les fleurs de la forêt.

Et du haut du ciel, la lune ronde contemplait les ombres de la ville silencieuse.

Le jeune ascète marchait dans la rue déserte, pendant qu'au-dessus de sa tête, les *Koels* en amour, dans les branches du manguier, chantaient leurs plaintes sans sommeil.

Upagupta franchit les barrières de la cité, et se tint au pied des remparts.

Quelle femme gisait là, dans l'ombre du mur, à ses pieds, frappée de la peste noire, son corps, taché de plaies, emporté avec tant de hâte hors de la ville?

L'ascète, s'asseyant à ses côtés, prit sa tête sur ses genoux; il humecta ses lèvres avec de l'eau, et réconforta son corps d'un baume.

« Qui es-tu, ô Miséricordieux? » questionna la femme.

« Le temps est enfin venu de ma visitation et me voici », répondit le jeune ascète.

38.

Cet amour entre nous n'est point un simple badinage, mon aimé.

Encore et encore les nuits rugissantes des tempêtes se sont abattues sur moi, éteignant ma lumière; des doutes noirs se sont amassés, effaçant toutes les étoiles de mon ciel.

Encore et encore les digues ont été rompues, laissant les flots balayer mes moissons, et les plaintes et le désespoir ont déchiré mon ciel de part en part.

Et j'ai appris que dans votre amour il y a des coups douloureux, mais jamais l'apathie glacée de la mort.

39

Le mur s'entrouvre, la lumière, rire divin, le traverse.

Victoire, ô Lumière!

Le cœur de la nuit est percé!

Avec ton épée de flamme coupe par le milieu le nœud des doutes et des désirs incertains.

Victoire!

Accours, ô Implacable!

Accours, ô Toi qui es terrible dans ta blancheur immaculée!

Ô Lumière, ton tambour rythme une marche de feu; et la rouge torche est brandie très haut; la mort agonise dans un jaillissement de splendeur!

40.

Ô Feu, mon frère, je te chante un chant de victoire.

Tu es l'image pourpre et brillante, de la terrible liberté.

Tes bras s'élancent vers le ciel, et par tes doigts impétueux, les cordes des harpes sont effleurées. Magnifique est la musique de ta danse.

Lorsque mes jours seront achevés et que les barrières seront ouvertes, tu brûleras jusqu'aux cendres ces cordes de mes mains et de mes pieds.

Mon corps ne fera plus qu'un avec toi, mon cœur sera saisi dans les tourbillons de ta frénésie, et la brûlante chaleur qui était ma vie, d'un bond jaillira vers toi pour se mêler à ta flamme.

41.

Le Batelier est dehors pour traverser dans la nuit
la mer en furie.

Le mât gémit sous l'effort du vent furieux qui gonfle
toutes ses voiles.

Déchiré par les griffes de la nuit, le ciel est tombé
sur la mer et l'empoisonne de ténèbres et de peurs.

Les vagues lancent leurs crêtes vers l'obscurité
invisible, et le Batelier est dehors, pour traverser la
mer en furie.

Le Batelier est dehors, je ne sais pour quel rendez-
vous, et la nuit s'épouvante de cette soudaine blancheur de ses voiles.

Je ne sais pas vers quel rivage il atterrit enfin pour
atteindre le jardin silencieux où la lampe brûle, et
trouver celle qui est en attente, assise dans la poussière.

Quel but poursuit-il, ce bateau qui ne craint ni
tempête ni obscurité?

Est-il chargé de pierres précieuses et de perles?

Ah non, le Batelier n'emporte point de trésors
avec lui, mais une seule rose blanche dans sa main,
et un chant sur ses lèvres.

Pour celle qui veille, solitaire, avec sa lampe
brûlant dans la nuit.

Elle demeure sur le bord de la route.

Ses cheveux dénoués volent dans le vent, et cachent
ses yeux.

L'ouragan hurle à travers ses portes brisées, la
lumière vacille dans sa lampe d'argile, projetant des
ombres sur les murs.

A travers les clameurs du vent, elle l'entend qui
l'appelle par son nom, elle, dont le nom est inconnu.

Il y a longtemps que le Batelier a appareillé.

Et il faudra longtemps encore pour que le jour se
lève et qu'il frappe à sa porte.

Les tambours ne battront point, et personne ne saura.

Seulement, la lumière emplira la maison, la
poussière sera bénie, et le cœur, joyeux.

Tous les doutes s'évanouiront dans le silence,
lorsque. le Batelier atteindra le rivage.

42.

Mes jours terrestres coulent comme une rivière étroite, et mon âme s'y cramponne au radeau vivant de mon corps. Je le laisserai quand la traversée sera accomplie.

Alors...?

Peut-être que là-bas la lumière et l'obscurité sont semblables?

L'Inconnaissable est l'éternelle liberté.

Il est sans pitié dans son amour.

Il écrase la coquille pour trouver la perle, muette dans sa noire prison.

Tu te souviens des jours d'autrefois et te lamentes, ô pauvre cœur!

Réjouis-toi plutôt de ce qu'il y ait des jours à venir!

Ô Pèlerin, les heures sonnent!

Voici, pour toi, le temps de dire adieu aux chemins!

Son visage te sera dévoilé de nouveau, et vous vous retrouverez face à face.

43.

Sur les reliques du Seigneur Bouddha le roi Bim-
bisar bâtit en offrande un sanctuaire de marbre blanc.

Vers le soir, toutes les épouses et les jeunes filles
de la maison du roi y venaient pour leurs offrandes
de fleurs, et pour allumer les lampes.

Lorsqu'en son temps le fils devint roi à son tour,
il noya la foi de son père dans des flots de sang et
alluma des feux en holocaustes avec ses livres sacrés.

Le jour d'automne se mourait.

L'heure d'adoration du soir était proche.

Shrimati, la suivante de la reine, vouée au culte du
Seigneur Bouddha, s'étant baignée dans l'eau sainte
et ayant chargé le plateau d'or de lampes et de fleurs
blanches et fraîches, silencieusement leva ses sombres
yeux vers le visage de la reine.

La reine frissonna de peur et dit : « Ne sais-tu pas,
ô folle jeune fille, que la mort est la punition de quiconque apporte son odorante offrande au sanctuaire
de Bouddha?

« Telle est la volonté du roi. »

Shrimati se prosterna devant la reine, et franchissant la porte, se tint devant Anita, la nouvelle épouse du fils du roi.

Un miroir d'or poli sur ses genoux, la nouvelle épouse tressait ses longs cheveux d'ébène, et peignait le signe écarlate du bonheur sur la raie de sa chevelure.

Ses mains tremblèrent quand elle aperçut la jeune fille, et elle cria : « Quel terrible malheur voudrais-tu m'apporter ? Quitte-moi à l'instant. »

La princesse Shukla était assise à sa fenêtre, lisant un livre d'amour à la lumière du soleil couchant.

Elle tressaillit quand elle vit à sa porte la jeune fille avec ses saintes offrandes.

Le livre tomba de ses genoux et elle murmura à l'oreille de Shrimati :

« Ne cours pas à ta mort, ô femme téméraire! »

Shrimati allait de porte en porte.

Elle élevait ses mains et criait : « Ô femmes de la maison du roi, hâtez-vous!

« Le temps de l'adoration de notre Seigneur est venu! »

Quelques-unes lui fermèrent leur porte et d'autres l'insultèrent.

La dernière lueur du jour se fanait sur le dôme bronzé de la tour du palais.

Des ombres profondes s'épaississaient aux coins des rues; la rumeur de la cité s'apaisait; le gong du temple de Shiva annonçait l'heure de la prière vespérale.

Dans l'obscurité du soir d'automne, profond comme un lac limpide, les étoiles palpitaient de lumière, quand les gardes du jardin royal tressaillirent en

apercevant à travers les arbres une rangée de lampes
qui brillaient au sanctuaire de Bouddha.

Ils accoururent, leurs épées tirées, en s'écriant
« Qui êtes-vous, ô insensée, qui défiez ainsi la mort ? »

« Je suis Shrimati, répondit une voix douce, la
servante du Seigneur Bouddha. »

L'instant d'après, le sang de son cœur colorait de sa
rougeur le marbre blême.

Et dans l'heure tranquille des étoiles se mourait
la clarté de la dernière lampe d'adoration au pied
de l'autel.

44.

Ce jour qui se tenait entre toi et moi nous fait son dernier signe d'adieu.

La nuit étend un voile sur son visage et cache la seule lampe qui brûlait dans ma chambre.

Ton sombre serviteur est entré sans bruit; il étend le tapis nuptial pour que tu viennes y prendre place, seul avec moi dans le calme silence du monde, jusqu'à ce que la nuit s'achève.

45.

Ma nuit s'est écoulée sur une couche de douleur, et mes yeux sont las. Mon cœur alourdi n'est pas encore prêt à rencontrer le matin tout chargé de ses joies.

Tire un voile sur cette lumière trop nue, éloigne de moi cet éclair fulgurant, cette danse de la vie.

Que le manteau d'une douce obscurité me recouvre de ses plis, et que ma peine, un instant, soit protégée de ce monde qui m'oppresse.

46.

Le temps où je pouvais lui rendre tout ce que je recevais d'elle est passé.

Sa nuit a trouvé son matin et tu l'as prise dans tes bras : et c'est à toi que désormais j'apporte ce qui était pour elle : ma gratitude et mes présents.

Pour toutes les peines et les offenses à elle faites, je viens vers toi : pardonne-les.

Je mets à ton service ces fleurs de mon amour qui restaient en boutons, alors qu'elle attendait qu'elles s'ouvrissent.

47.

Je trouvai quelques-unes de mes anciennes lettres soigneusement cachées dans sa cassette — poignée de jouets infimes avec lesquels sa mémoire pût jouer.

D'un cœur qui s'effraie, elle avait essayé de dérober ces riens aux flots tumultueux du temps; elle avait dit : « Ils sont à moi seule ! »

Ah, il n'y a plus personne, maintenant, pour les réclamer, pour en payer le prix en soins jaloux; et cependant ils sont toujours là.

Sûrement, il existe un amour dans cet autre monde pour la sauver du complet néant, comme son amour à elle sauva ces lettres avec un soin si précieux.

48.

Dans ma vie désespérée apporte l'ordre et la beauté, ô femme, comme tu l'apportais, vivante, dans ma maison.

Balaie les fragments et la poussière des heures, remplis les cruches vides, répare tout ce qui fut négligé.

Puis, ouvre la porte intérieure du tabernacle, allume la lampe, et là, devant notre Dieu, rejoignons-nous en silence.

49

La douleur fut grande pour accorder les cordes, ô mon Maître.

Commence le chant, et que j'en oublie ma peine; fais-moi sentir en beauté les raisons qui te faisaient agir, pendant ces jours sans pitié.

La nuit qui décline s'attarde à mes portes; laisse-la prendre congé en chantant.

Répands ton cœur sur les cordes de ma vie, ô Maître, dans une musique qui descendra de tes étoiles.

50.

Dans l'éblouissant éclair d'un instant j'ai vu la grandeur de ta création en me donnant la vie — création à travers bien des morts, et de monde en monde.

Je pleure sur mon indignité, quand je vois ma vie aux prises avec les heures insignifiantes — mais quand je la vois dans tes mains, je sais qu'elle est trop précieuse pour être dispersée parmi les ombres.

51.

Je sais qu'au soir obscur d'un jour quelconque le soleil me dira son dernier adieu.

Les bergers joueront sur leur flûtes à l'ombre des figuiers, les troupeaux paîtront sur les pentes de la rivière, pendant que mes jours passeront dans la nuit.

Et je fais cette prière : puissé-je savoir, avant de la quitter, pourquoi cette terre m'a pris dans ses bras.

Pourquoi le silence de ses nuits me parla des étoiles, pourquoi la lumière de ses jours fit naître, par son baiser, les fleurs de ma pensée.

Avant de partir, puissé-je m'attarder sur un dernier refrain, pour en achever la mélodie ; que la lampe soit allumée pour que j'aperçoive ton visage, et les guirlandes tressées, pour que je t'en couronne.

52.

Quelle est cette harmonie, dont la cadence berce le monde?

Nous nous réjouissons lorsqu'elle retentit sur les cimes de la vie, mais nous tremblons de frayeur lorsqu'elle retourne dans les ténèbres.

Et pourtant la musique est la même, qui vient et qui s'en va, dans le rythme de l'éternelle harmonie.

Tu caches ton trésor dans la paume de tes mains, et nous nous écrions que tu nous as volés.

Mais, que tu ouvres ou que tu fermes cette main selon ta volonté, le gain ou la perte sont équivalents.

A ce jeu que tu joues avec toi-même tu perds et tu gagnes à la fois.

53.

J'ai baisé ce monde avec mes yeux et avec mes membres. Avec des plis sans nombre, je l'ai enroulé dans mon cœur; j'ai versé sur ses jours et ses nuits tant de pensées, que le monde et ma vie n'en ont plus fait qu'un — et j'aime ma vie parce que j'adore la lumière du ciel qui est toute en moi.

Si quitter ce monde est une réalité aussi forte que l'aimer — alors il doit y avoir une signification dans les rencontres et les séparations de la vie.

Et si l'amour devait être déçu par la mort, le ver d'une telle désillusion rongerait toutes choses, et les étoiles mêmes se faneraient et deviendraient obscures.

54·

Le Nuage m'a dit : « Je m'évanouis »; et la Nuit : « Je plonge dans l'aurore ardente. »

La Douleur m'a dit : « Je demeure, et le silence est profond, comme l'empreinte de ses pas. »

« Je meurs dans la plénitude », a répondu ma Vie.

La Terre m'a dit : « Mes lumières baisent tes pensées à ton heure. »

« Les jours passent, a dit l'Amour, mais je t'attends. »

Et la Mort : « Je conduis la barque de ta vie à travers la mer. »

55.

Le poète Tulsidas était plongé dans ses songes, auprès du Gange, en ce lieu solitaire où l'on brûle les morts.

Il aperçut une femme assise aux pieds du corps de son mari, luxueusement habillée comme pour une noce.

En le voyant elle se leva et se prosternant lui dit : « Permets, ô Maître, que je suive mon époux au ciel avec ta bénédiction. »

« Pourquoi tant te hâter, ma fille ? demanda Tulsidas, cette terre n'est-elle pas aussi à Celui qui a créé les cieux ? »

« Ce n'est point après le ciel que je soupire, dit la femme, mais après mon époux. »

Tulsidas sourit et lui dit : « Retourne chez toi, mon enfant. Avant que le mois ne s'achève, tu auras retrouvé ton mari. »

La femme s'en alla, pleine d'un joyeux espoir. Tulsidas vint la voir chaque jour ; il lui donnait de profondes pensées sur lesquelles méditer, jusqu'à ce qu'un jour son cœur fût rempli à en déborder du divin amour.

Le mois était presque achevé, quand ses voisins vinrent et lui demandèrent : « Femme, as-tu retrouvé ton mari ? »

Souriante, la veuve répondit : « Je l'ai retrouvé. »

Vivement, ils questionnèrent : « Où est-il ? »

« Dans mon cœur est mon Seigneur, un avec moi », leur dit-elle.

56.

Tu es venue pour un instant à mes côtés, et tu m'as fait sentir le grand mystère de la femme qui palpite au cœur même de la création.

C'est elle qui toujours retourne à Dieu les flots débordants de sa douceur; elle est la beauté toujours fraîche et la jeunesse dans la nature; elle danse dans les eaux courantes et chante dans la lumière du matin; avec de bondissantes vagues elle étanche la soif de la terre; et c'est en elle que l'Unique et l'Éternel s'est incarné pour jaillir en une joie qui ne peut plus se contraindre, et s'épanche dans la douleur de l'amour.

57.

Qui est-elle, cette femme qui habite mon cœur;
cette femme pour toujours désespérée?
Je l'ai courtisée et n'ai pu la conquérir.
Je la parai de guirlandes et je chantai ses louanges.
Un sourire fugitif éclaira un instant son visage
puis s'éteignit.
« Je ne prends aucune joie en toi », cria-t-elle, la
femme désespérée.

Je lui achetai des anneaux précieux et l'éventai avec
un éventail orné de pierreries : je lui fis un lit sur une
couche dorée.
Un rayon de plaisir trembla dans ses yeux, puis
évanouit.
« Je ne prends aucune joie dans ces choses », cria-
-elle, la femme désespérée.

Je l'assis sur un char de triomphe et la conduisis
ainsi d'un bout à l'autre de la terre.
Des cœurs subjugués tombèrent à ses pieds, et des
tonnerres d'applaudissement retentirent jusqu'au ciel.
La fierté brilla dans son regard un instant, puis les
pleurs obscurcirent ses yeux.

« Je ne prends point de joie dans la conquête »,
cria-t-elle, la femme désespérée.

Je lui demandai : « Dis-moi qui tu cherches ? »
Elle dit seulement : « J'attends celui dont le nom
n'est point connu. »

Des jours passèrent, et elle cria : « Quand viendra-t-il
mon bien-aimé, celui que je ne connais point, afin
que je le connaisse pour l'éternité ? »

58.

C'est à Toi qu'appartiennent la lumière qui jaillit des ténèbres, et la bonté qui éclate du cœur brisé par la lutte.

A Toi la maison ouverte sur le monde, et l'amour qui appelle sur le champ de bataille.

A Toi le don qui reste un gain, quand toutes choses semblent perdues, et la vie qui coule au travers du gouffre de la mort.

A Toi, ce ciel caché dans la terrestre poussière; et Tu es là pour moi, Tu es là pour tous.

59.

Quand la lassitude de la route est sur moi, et la soif du jour aride; quand les heures spectrales du crépuscule étendent leurs ombres sur ma vie, alors, ce n'est pas seulement vers ta voix que je crie, ô mon ami, mais vers une pression de ta main.

Il y a dans mon cœur une angoisse; il porte le fardeau des richesses qu'il ne t'a point données.

Étends ta main à travers la nuit, que je la tienne, et l'emplisse, et la garde; fais que je sente son étreinte, dans la solitude du chemin qui s'allonge.

6o.

Le parfum du bouton s'écria : « Le jour s'enfuit, ah, le jour heureux du printemps, et je suis le prisonnier des pétales! »

Ne perds point courage, humble petite chose!

Tes liens éclateront, le bouton s'épanouira en fleur, et quand tu te faneras en pleine vie, le printemps, même alors, t'aura survécu.

Le parfum palpite et s'inquiète dans le bouton, criant : « Ah! les heures passent, et je ne sais pas encore où je vais ni ce que je cherche! »

Ne perds pas courage, humble petite chose!

La brise printanière a devancé ton désir, et le jour ne finira point que tu n'aies accompli ta destinée.

L'avenir semble obscur au parfum et il s'écrie : « Ah, si ma vie n'a point de sens, à qui la faute?

« Qui peut me dire pourquoi j'existe? »

Ne perds pas courage, humble petite chose.

L'aube parfaite est proche, où tu mêleras ta vie à la Vie éternelle, et où tu connaîtras enfin le pourquoi de ton existence.

61.

Seigneur, elle n'est encore qu'une enfant.

Elle court autour de ton palais et elle joue; elle essaie de faire de toi aussi un de ses jouets.

Elle ne se préoccupe pas de ses cheveux qui tombent en désordre, ou de ses vêtements négligés qui traînent dans la poussière.

Elle s'endort quand tu lui parles et ne répond même pas — et la fleur que tu lui donnes au matin glisse de ses mains et tombe dans la poussière.

Quand la tempête éclate dans le ciel assombri, elle s'éveille, jette sa poupée par terre et se cramponne à toi dans sa terreur.

Elle a peur de te déplaire.

Mais avec un sourire tu la regardes jouer.

Car tu la connais.

Cette enfant assise dans la poussière, c'est l'épouse qui t'est destinée, et ses jeux, calmés et approfondis, se transformeront en amour.

62.

« Qu'y a-t-il d'autre que le ciel, ô Soleil, pour contenir ton image? »

« Je rêve de toi, mais je désespère de pouvoir te servir », pleure la goutte de rosée, en ajoutant : « Je suis trop infime pour te refléter, ô grand roi, et ma vie n'est que larmes. »

« J'illumine le ciel infini, mais je peux aussi me donner jusque dans la plus petite goutte de rosée », a répondu le Soleil; « ainsi deviendrai-je simple étincelle de lumière, faisant de ta petite vie une coupe débordante de joie. »

63.

Loin de moi cet amour qui ne connaît point de mesure; car, pareil au vin écumant qui a rompu ses vaisseaux, il court à sa perte en un instant.

Envoie-moi l'amour, frais et pur comme la pluie, qui bénit la terre altérée et remplit les jarres d'argile de la maison.

Envoie-moi l'amour qui voudrait s'abîmer jusqu'au fond de l'être, et de là jaillir en une sève invisible, à travers les branches de l'arbre de vie, donnant le jour aux fruits et aux fleurs.

Envoie-moi l'amour qui retient le cœur dans une plénitude de paix.

64.

Le Soleil s'était couché derrière la berge occiden-
ale de la rivière, au milieu de l'épaisse forêt.

Les jeunes disciples avaient ramené les troupeaux
à l'étable, et s'étaient assis autour du feu pour écouter
le maître Gautama, lorsqu'un jeune étranger, s'appro-
chant, lui fit présent de fleurs et de fruits. Il s'inclina
très bas jusqu'à ses pieds et parla ainsi, d'une voix
mélodieuse comme un chant d'oiseau :

« Seigneur, je suis venu vers toi pour que tu me
guides dans le sentier de la suprême Vérité.

« Mon nom est Satyakama. »

« Que la bénédiction soit sur ta tête », dit le Maître.

« De quelle caste es-tu mon enfant ? car un Brahmine
seul peut aspirer à la suprême sagesse. »

« Maître, repartit l'adolescent, je ne sais point de
quelle caste je suis. J'irai le demander à ma mère. »

Ce disant, Satyakama prit congé; il traversa le
gué de la rivière et s'en retourna jusqu'à la hutte
maternelle qui s'élevait tout au bout du désert sablon-
neux, à la lisière du village endormi.

La lampe brûlait faiblement dans la chambre, et sa mère se tenait à la porte, dans l'obscurité, attendant le retour de son fils.

Elle le pressa sur son cœur, baisa ses cheveux, et l'interrogea sur sa visite au Maître.

« Quel est le nom de mon père, mère chérie? » questionna-t-il.

« Le Seigneur Gautama m'a dit : un Brahmine seul a le droit d'aspirer à la plus haute sagesse. »

La femme baissa les yeux et murmura tout bas :

« Dans ma jeunesse j'étais pauvre, et j'eus plusieurs maîtres. Et tu es venu dans les bras de ta mère Jabala, mon amour; de ta mère qui n'eut point de mari. »

Les premiers rayons du soleil brillaient sur les hautes branches de la forêt de l'ermitage.

Les disciples, leurs cheveux encore humides du bain matinal, étaient assis sous l'arbre vénérable, devant leur Maître.

Et Satyakama se présenta.

Il s'inclina profondément jusqu'aux pieds du sage et se tint silencieux.

« Dis-moi, lui demanda le grand prédicateur, de quelle caste es-tu? »

« Seigneur », répondit l'adolescent, « je ne le sais point. Ma mère, quand je l'eus questionnée, me répondit : « J'ai servi plusieurs maîtres, dans ma « jeunesse, et tu es venu dans les bras de ta mère Jabala « qui n'eut point de mari. »

Un murmure s'éleva, semblable au bourdonnement des abeilles en furie lorsqu'on trouble leur ruche et les disciples grommelaient déjà contre l'impudente insolence de ce jeune paria.

Gautama le Maître, se levant de son siège, étendit les bras, prit l'enfant sur son sein et dit : « Tu es le meilleur des Brahmines, mon enfant, car tu possèdes l'héritage le plus noble : la Vérité. »

65.

Peut-être qu'il existe une maison dans cette cité dont la porte s'ouvre pour toujours ce matin aux rayons du soleil levant, et leur message de lumière est accompli.

Les fleurs se sont ouvertes dans les jardins et dans les haies, et peut-être qu'il existe un cœur auquel elles ont révélé ce matin le don qui cheminait à travers les siècles.

66.

Écoute, mon cœur; dans cette flûte chante la musique du parfum des fleurs sauvages, des feuilles étincelantes et de l'eau qui brille; la musique d'ombres, sonores d'un bruit d'ailes et d'abeilles.

La flûte a ravi son sourire des lèvres de mon ami et le répand sur ma vie.

67.

Toujours, tu te tiens solitaire par-delà les ondes de mes chants.

Les vagues de mes harmonies baignent tes pieds, mais je ne sais comment les atteindre.

Et ce que je joue pour toi est une musique trop lointaine.

C'est la douleur de la séparation qui s'est faite mélodie : elle chante par ma flûte.

Et j'attends l'heure où ta barque traversera l'eau jusqu'à mon rivage, et où tu prendras ma flûte dans tes mains.

68.

Soudain s'est grande ouverte ce matin la fenêtre de mon cœur; la fenêtre qui regarde vers ton cœur.

Je m'émerveillai de surprendre le nom par lequel tu me connais inscrit sur la feuille d'avril et ses fleurs, et j'attendis, silencieux.

Le rideau fut soulevé, un instant, entre mes chants et les tiens.

Je découvris que la lumière de ton matin était remplie de mes propres chants, muets et non chantés encore; je songeai que je les apprendrais mieux à tes pieds — et j'attendis, silencieux.

69.

Tu étais au centre de mon âme, c'est pourquoi, lorsqu'elle vint à errer, elle ne te trouva plus; tu te détournas de mes amours et de mes espoirs jusqu'au dernier, mais tu étais en eux, toujours.

Tu étais la joie intérieure des jeux de ma jeunesse; mais lorsque j'étais trop pris par le jeu, je passais à côté de la joie.

Tu as chanté pour moi dans toutes les extases de ma vie, mais j'ai oublié de chanter pour toi.

70.

Quand tu élèves ta lampe dans le ciel, elle projette sa lumière sur mon visage, et son ombre descend sur toi.

Et quand j'élève la lampe d'amour de mon cœur, sa lumière descend sur toi, et je reste dans l'ombre, abandonné.

71.

Ô les vagues, les vagues qui dévorent le ciel, étincelantes de lumière, de vie dansante; les vagues d'une marée de joie, éternellement bondissantes.

Les étoiles sont bercées par elles, et des pensées de toutes nuances sont aspirées du fond de l'abîme et répandues sur les rivages de la vie.

La naissance et la mort montent et redescendent avec leur rythme, et l'oiseau de mer qui hante mon âme ouvre ses ailes pour crier son éblouissement.

72.

La Joie est accourue de tous les coins du monde pour former mon corps.

Les lumières des cieux l'ont baisée et baisée encore jusqu'à l'éveiller à la vie.

Les fleurs des étés trop rapides ont palpité dans son sein, et les voix de l'eau et des vents chantent dans ses mouvements.

Les couleurs ardentes des nuages et des forêts ont afflué dans sa vie, et toutes les harmonies des choses ont caressé ses membres pour leur donner une forme de beauté.

Elle est mon épouse — elle a allumé sa lampe dans ma maison.

Le printemps, avec ses feuilles et ses fleurs, est entré en moi.

Les abeilles y bourdonnent tout le matin, et les vents s'y jouent paresseusement avec les ombres.

Une fontaine délicieuse a jailli du cœur de mon cœur.

Mes yeux s'y baignent avec ravissement, comme le matin dans la rosée, et la vie frémit dans tous mes membres comme chantent les cordes du luth.

Erres-tu solitaire sur le rivage de ma vie, là où la marée est à flot, ô amoureux de mes jours éternels?

Mes rêves flottent-ils autour de toi comme des phalènes aux ailes de lumière?

Et n'est-ce pas ton chant dont j'entends les échos aux noirs abîmes de mon être?

Qui, sinon toi, peut saisir le bourdonnement des heures pressées qui sonnent aujourd'hui dans mes veines, les pas joyeux qui dansent dans ma poitrine, la clameur d'une vie tumultueuse dont les ailes frissonnent dans tout mon être?

74.

Mes liens sont coupés, mes dettes payées, ma porte a été ouverte et je m'en irai partout.

Ils sont accroupis dans leur coin et tissent la toile de leurs heures ternes; ils comptent leur or dans la poussière et me crient de revenir.

Mais j'ai forgé mon épée; j'ai revêtu mon armure, et mon cheval piaffe d'impatience.
Je m'en irai conquérir mon royaume.

75.

C'était hier seulement que je naquis sur cette terre créée par toi, sans nom et nu, avec un cri gémissant.

Aujourd'hui ma voix est heureuse, et toi, ô Seigneur, tu te tiens de côté pour me faire place, afin que je puisse remplir ma vie.

Même quand je te donne mes chants en offrande, j'ai le secret espoir que les hommes viendront à moi et m'aimeront à cause d'eux.

Tu aimes découvrir que j'adore ce monde où tu m'as fait naître.

76.

Timidement, je prenais refuge dans l'ombre protectrice, mais maintenant que la houle de la joie a porté mon cœur sur sa cime, je me cramponne au roc cruel de la tempête.

Autrefois je me tenais solitaire dans un coin de ma maison, la trouvant trop infime pour un seul visiteur. Mais maintenant que sa porte en a été grande ouverte par une joie que je n'ai pas cherchée, je trouve qu'il y a place pour toi et pour le monde entier.

Je marchais avec précaution, plein de soins pour mon corps, le parfumant et le parant — mais à présent qu'un tourbillon de joie m'a renversé dans la poussière, je ris tout haut, et comme un enfant je me roule sur le sol à tes pieds.

Le monde t'appartient, maintenant et à jamais.

Et parce que tu n'as point de désirs, ô mon roi, tu ne prends point plaisir en tes richesses.

Et elles sont comme si elles n'étaient pas.

C'est pourquoi, à travers le temps qui coule si lent, tu me donnes ce qui est à toi, et sans cesse reconquiers en moi ton royaume.

Jour à jour tu demandes à mon cœur ton soleil levant, et tu trouves ton amour sculpté dans l'image de ma vie.

78.

Tu as donné des chants aux oiseaux; ils te donnent les leurs en retour.

A moi tu n'as donné que la parole. Cependant demande-moi plus, et je chanterai.

Tu as créé tes vents légers, et les flottes sont à leur service. Tu as mis un fardeau sur mes mains afin que je puisse les alléger moi-même; ainsi j'acquiers, pour te servir, une liberté déliée d'entraves.

Tu as créé cette terre et rempli ses ombres d'éclairs lumineux.

Puis tu t'es reposé, et tu m'as laissé, avec mes seules mains, dans cette poussière pour recréer ton ciel.

Tu as comblé de dons toutes les choses terrestres : mais à moi, tu demandes.

La moisson de ma vie mûrira au soleil et dans l'averse, jusqu'à me faire récolter plus que tu n'as semé, pour la joie de ton cœur, ô Maître des granges dorées.

Que je prie, non pour être préservé des dangers, mais pour les regarder en face.

Et que je ne demande point l'apaisement de ma souffrance, mais le cœur qu'il me faut pour la surmonter.

Que je ne m'attende point à des alliés, sur le champ de bataille de la vie, mais à ma propre force.

Que je n'implore point avec crainte pour être sauvé, mais que j'aie foi en la patience pour conquérir ma liberté.

Accorde-moi de n'être pas ingrat, sachant qu'à ta seule miséricorde je dois mes succès : mais si je succombe, que l'étreinte de ta main me secoure.

80.

Tu ne te connaissais pas quand tu demeurais solitaire, et le vent qui courait du plus proche au plus lointain rivage, n'avait aucun message à te crier.

Je vins, et tu t'éveillas, et les cieux fleurirent de lumières.

Tu me fis éclore dans les fleurs, tu me berças dans des berceaux de toutes formes; j'étais caché dans la mort et tu m'as trouvé de nouveau dans la vie.

Je vins et ton cœur palpita; il battit pour la douleur et pour la joie.

Tu m'effleuras, et ce fut le tressaillement de l'amour.

Mais dans mes yeux passe une lueur de honte, et dans mon sein un sursaut de terreur : mon visage se voile et je pleure, quand je ne te vois plus.

Et cependant je connais la soif inextinguible de ton cœur pour une vision de moi, la soif qui crie à ma porte, aux coups répétés des soleils qui se lèvent.

81.

Toi, qui veilles le Temps éternel, tu prêtes l'oreille à mes pas qui approchent, tandis que ton ardeur heureuse se recueille dans l'aurore matinale, pour jaillir dans l'éclatement de la lumière.

Plus je m'approche de toi, plus grandit la ferveur du mouvement dansant de la mer.

Ce monde est dans tes mains un rameau de lumière pour les remplir, mais ton ciel est dans mon cœur secret : et c'est lentement que ses boutons s'épanouissent en timide amour.

82.

Je prononcerai ton nom, solitairement assis au milieu des ombres de mes silencieuses pensées.

Je le prononcerai sans paroles, je le prononcerai sans raison.

Car je suis pareil à l'enfant qui appelle sa mère cent fois, heureux de pouvoir répéter « Maman ».

83.

I

Je sens que toutes les étoiles palpitent en moi.

Le monde jaillit dans ma vie comme une eau courante.

Les fleurs s'épanouiront dans mon être.

Tout le printemps des paysages et des rivières
monte comme un encens dans mon cœur, et le souffle
de toutes choses chante en mes pensées comme une
flûte.

II

Quand la terre est endormie je viens à ta porte.

Les étoiles sont muettes et j'ai peur de chanter

J'attends et je veille, jusqu'à ce que ton ombre
passe sur le balcon de la nuit. Alors je m'en retourne
avec un cœur rempli de toi.

Puis, au matin, je chante sur le bord de la route

Les fleurs de la haie me répondent, et l'air matinal
écoute.

Les voyageurs s'arrêtent soudain pour me regarder
en face : ils croient que je les ai appelés par leur nom

III

Garde-moi près de ta porte, attentif à tes moindres désirs; puis envoie-moi à travers ton Royaume, ayant accepté ton appel.

Que je ne succombe ni ne disparaisse dans un abîme de douceur.

Que ma vie ne soit pas appauvrie par manque d'action.

Que la poussière des distractions ne m'aveugle pas de ses doutes.

Que je ne suive pas plusieurs sentiers pour recueillir trop de choses.

Que mon cœur ne se courbe pas sous le joug de plusieurs.

Mais que je porte haut la tête, dans le courage et la fierté d'être ton serviteur.

84.

Entendez-vous au loin ce tumulte de la mort,
L'appel, au travers des flots de feu et des nuages
empoisonnés,
— L'appel du capitaine au timonier pour qu'il
oriente le navire vers un rivage sans nom,
Car les temps sont révolus — les temps stagnants
dans le port, —
Où la même et ancienne marchandise est achetée
et vendue dans une ronde sans fin,
Où les choses mortes vont en dérive parce que
toute vérité est épuisée et vide.

Ils s'éveillent en sursaut dans une peur soudaine
et demandent :
« Camarades, quelle heure a sonné?
« Quand viendra le jour? »
Les nuages ont effacé toute étoile.
Et qui pourrait reconnaître le doigt de l'aurore
faisant signe?
Ils saisissent leurs rames et s'élancent, désertant
les lits; la mère prie, l'épouse guette à la porte;

Il y a un gémissement d'adieu qui monte vers le ciel;

Et il y a la voix du capitaine dans la nuit :

« Venez, mariniers, car le temps de la sécurité a vécu ! »

Tous les noirs démons de la terre ont rompu leurs digues.

Pourtant, ô rameurs, prenez place avec la souffrance bénie dans vos âmes!

Qui blâmez-vous, mes frères ? courbez la tête!

Le péché fut vôtre, et nôtre aussi.

La chaleur de la colère grandissant au cœur de Dieu durant des siècles, —

La lâcheté du faible, l'arrogance du fort, la gourmandise de la grasse prospérité, la rancœur du frustré, la fierté de la race, l'insulte envers l'homme, —

Ont fait éclater la paix de Dieu en une furieuse tempête.

Comme une cosse mûre, que le cœur de la tempête se fende et projette de son tonnerre,

Cessez votre tumulte de blâme ou de louanges.

Et, le calme de la prière muette sur vos fronts, ramez vers ce rivage sans nom.

Nous avons connu le mal et le péché chaque jour, nous avons connu la mort;

Ils passaient sur notre monde, comme des nuages moqueurs, avec leur rire fulgurant comme l'éclair.

Mais ils se sont arrêtés soudain, ô prodige,

Et les hommes ont dû se lever devant eux et leur crient :

« Nous ne vous craignons pas, ô Monstres! car chaque jour nous remportons sur vous la victoire,

« Et nous mourrons dans la foi en la Vérité de la Paix, de la Bonté, et de l'Être éternel! »

Si l'immortalité n'est pas cachée au cœur même de la mort,

Si la joie de la sagesse ne jaillit pas du fourreau de la douleur,

Si le péché ne meurt pas de sa propre divulgation,

Si l'orgueil ne succombe pas sous le poids de tous ses hochets,

Alors, d'où viendrait cet espoir, qui contraint tous les hommes à quitter leurs foyers, pareils à des étoiles qui courent à leur mort dans la lumière du matin?

Le sang des martyrs et les larmes des mères perdraient-ils toute valeur dans la poussière de la terre?

N'achètent-ils pas le Paradis?

Et à l'heure où l'homme brise ses liens mortels, la Divine Liberté ne lui est-elle pas révélée dans l'instant?

85.

LE CHANT DE LA DÉFAITE

Mon Maître m'a commandé, tandis que je me tiens
sur le côté de la route, de chanter le chant de la Défaite,
car telle est la fiancée qu'Il courtise en secret.

Elle a mis le voile noir pour cacher son visage de la
foule, mais un joyau brille à son sein dans la nuit.

Elle est abandonnée du jour, mais la nuit de Dieu
l'attend, avec ses lampes allumées et ses fleurs toutes
fraîches de rosée.

Elle est silencieuse et ses yeux sont baissés; elle a
laissé sa demeure derrière elle, et de cette demeure
est venu un gémissement dans le vent.

Mais les étoiles chantent le chant de l'amour éternel à ce doux visage de honte et de souffrance.

La porte a été ouverte sur la chambre solitaire;
l'appel a retenti, et le cœur de la nuit a palpité de
majesté, à cause de l'épreuve qui vient.

86.

ACTION DE GRACE

Ceux qui marchent dans le sentier de l'orgueil e
qui foulent la vie humble sous leurs bottes; qui lais
sent sur l'herbe fragile la marque de leurs pieds teinté
de sang;

Qu'ils se réjouissent et te louent, Seigneur, car c
jour est à eux.

Mais moi je te remercie de ce que mon lot est ave
les déshérités qui souffrent et portent le fardeau de l
puissance, et cachent leur visage, en étouffant leu
sanglots dans l'obscurité.

Car chaque pulsation de leur peine a palpité dan
la secrète profondeur de ta nuit, et chaque insulte
été recueillie dans ton grand silence.

Et le lendemain leur appartient.

Ô Soleil, lève-toi sur les cœurs qui saignent; qu'i
fleurissent en fleurs du matin, et que les torches de
orgies orgueilleuses soient réduites en cendres.

NOTICE

L'édition bengalaise du *Gitanjali* parut en 1910. Elle contenait cent cinquante-sept poèmes tirés de divers recueils. Tagore en fit lui-même la traduction anglaise, qui parut en 1913 avec une introduction de G.-B. Yeats. La composition de cette édition diffère de la bengalaise : parmi les cent trois poèmes du *Gitanjali* anglais, on ne retrouve que cinquante et un poèmes du *Gitanjali* bengali — c'est-à-dire le tiers — tandis que plus de la moitié du *Gitanjali* anglais provient d'autres sources que le *Gitanjali* bengali : *La récolte hivernale* (1896 et 1912), *Rêveries* (1900), *Offrandes* (*Naivedya*, 1901), *L'attente au gué* (*Kheyâ*, 1906), *L'enfant* (1909), *Le sanctuaire immuable* (1912); certains textes même ne parurent en bengali qu'en 1914, après leur publication dans le *Gitanjali* anglais; ils furent repris dans *La guirlande de chansons, Smaran* et *Utsarga.* C'est l'édition anglaise qu'André Gide a traduite en 1913-1914.

Tagore ne publia pas d'édition bengalaise de *La Corbeille de fruits.* L'édition anglaise du *Fruit-Gathering*, qui parut en 1916 et qu'Hélène du Pasquier traduisit en français en 1921, rassemblait des poèmes extraits de divers recueils bengalis : *Dièses et bémols* (1886), *La Muse* (1890), *Poèmes divers* (1896), *Récits et Rêveries* (1900), *Offrandes* (1901), *L'attente au gué* (1906), *Le Roi* et *Gitanjali* (1910), *Le sanctuaire immuable* (1912), *L'essaim de chants, La guirlande de chansons, Smaran, Utsarga* et *Dharmasangît* (1914), *Les cygnes sauvages* (1916).

LA VIE ET L'ŒUVRE
DE RABINDRANATH TAGORE

1861-1941

1861 Naissance à Calcutta. Quatorzième enfant d'une famille qui, par tradition, se consacre au renouveau spirituel du Bengale.

1869 Rabindranath entre à l'école. Se montre bientôt rétif aux contraintes scolaires.

1873 Son père, le maharsi (le saint) se charge de son éducation, l'emmène dans sa retraite de Santiniketan et dans l'Himalaya.

1874 Publication de poèmes et de critiques dans la revue *Le savoir en bourgeon*. Lit *Paul et Virginie* en traduction.

1875 Mort de sa mère. Compose *Fleurs sauvages*, *Lamentations*, et ses premières œuvres musicales.

1877 *Essais sur Dante et Pétrarque*, *Histoire d'un poète* et les poèmes pastiches signés Bhanu Singha, publiés dans la revue *Bharati*, fondée par deux de ses frères.

1878 Part pour l'Angleterre étudier le droit.

1880 Retour en Inde. Écrit *Le cœur brisé*.

1881 Joue le rôle de *Valmiki* dans son opéra.

1882 *Les chants du soir*.

1883 Mariage avec Mrinalini Devi, âgée de dix ans. Publication des *Chants de l'aurore* et de *La foire de la reine nouvelle épousée*.

1884 Dans sa retraite de Gazipur. Essais sur *Râm Mohun Roy*. *Images et chansons*.

1886 Naissance de sa fille Madhurilata. *Dièses et bémols*
1888 Naissance de son fils Rathindranath.
1889 *Le Roi et la Reine*, drame en vers.
1890 Tagore entreprend un second voyage en Europe. Il parcourt l'Italie, la France et l'Angleterre. En Inde chargé de la gestion du domaine familial, il s'installe à Shileida. *La muse.*
—1891 Trente ans. Vice-président de l'Académie des Lettres du Bengale. *Le bateau d'or* et *Chitra.*
1893 Joue à Calcutta dans son drame : *Le sacrifice.*
1894 *Kacha et Devayani.*
1896 *La récolte hivernale.*
1900 *Éphémères.*
1901 Fonde son école à Bolpur : Santiniketan. *Offrandes*
1902 Mort de sa femme. *Smaran* (*In memoriam*).
1903 Participe aux manifestations contre le partage du Bengale et compose des chants patriotiques. Mort de sa fille. Écrit pour elle *La jeune lune.*
1904 Mort de son disciple, le jeune poète Satish Chandra Roy. Dans un essai politique, *Le mouvement national*, se prononce en faveur de l'indépendance de l'Inde.
1905 Mort de son père. S'élève contre le démembrement de l'Inde par les Anglais. Après le partage du Bengale abandonne toute activité politique. *La Traversée*
1907 Mort de son fils aîné.
1910 Parution de *Gôra* et du *Gitanjali*, publié à Londres en traduction anglaise (1912) et qu'André Gide traduit en français sous le titre de *L'Offrande lyrique* (1914).
1911 Fête nationale, pour son cinquantième anniversaire
1912-13 Conférences en Angleterre et aux États-Unis.
1913 Prix Nobel. Paraissent : *Le Jardinier d'amour*, poèmes *La Maison et le monde*, roman. Sa pièce : *Amal et la lettre du Roi* est jouée à Londres.
1914 *Cygne.*
1915 Est nommé Chevalier par la reine, titre qu'il rendra au Vice-Roi en 1919. Rencontre avec Gandhi.

1916 Parution en anglais du *Fruit-Gathering (La Corbeille de fruits)*, titre factice qui rassemble des poèmes parus en bengali de 1886 à 1916.
Voyage au Japon. En Inde, joue le ménestrel aveugle dans sa pièce *Le Cycle du Printemps*.

1917 Ouvre le Congrès National en récitant son *India's prayer*.

1918 Il crée à Santiniketan l'université internationale Visva-Bharati. Publie *La Fugitive*, recueil d'histoires en vers.

1919 Mort de sa fille aînée. Adhère à la Déclaration d'Indépendance de l'Esprit de R. Rolland.

1920 Voyage en Europe et aux États-Unis pour parler de son université et recueillir des fonds.

1921 Rencontre Bergson et R. Rolland. Retour en Inde.

1922 Élabore avec Elmhirst un Institut rural : Sriniketan. Parution de *La Machine*, drame.

1923 Lancement de la revue d'art, de littérature et de philosophie, le « Visva-Bharati Quarterly ».

1924 Voyages en Malaisie, Chine, Japon, France, Argentine.

1925 Président du Congrès philosophique des Indes.

1926 Parcourt l'Europe. Rencontre Einstein.

1927 Nouveaux voyages : Malaisie, Java, Bali, Siam.

1928 Découvre le dessin, la peinture. Étudie à l'École gouvernementale d'art de Calcutta.

1929 Se rend en Chine, au Japon, au Canada, en Indochine.

1930 Ses peintures sont exposées à Paris, Londres, Berlin, Munich, Genève, Moscou, New York, Philadelphie. Conférences à Oxford sur la Religion de l'homme. Parution de *Lucioles*.

1931 Retour en Inde. On lui remet, pour son soixante-dixième anniversaire, un Livre d'or composé par les intellectuels du monde entier. *Lettres à un ami.*

1932 Visite à Gandhi emprisonné. Publication de *Mohua*.

1933 Voyage triomphal à Ceylan. Ne quittera plus l'Inde.

1934 Reçoit Nehru à Santiniketan.

1939 Rimes humoristiques : *Celle qui sourit.*

1940 Reçoit Gandhi à Santiniketan. Publication de ses souvenirs d'enfance : *En ce temps-là.*

1941 Pour son quatre-vingtième anniversaire, il écrit un message au monde : *La crise de la civilisation.*
Il meurt dans la maison qui l'a vu naître, à Calcutta.

BIBLIOGRAPHIE DES ŒUVRES
DE RABINDRANATH TAGORE PUBLIÉES EN FRANÇAIS

Poèmes et drames en vers

1914 *L'Offrande lyrique*, trad. André Gide (NRF).

1919 *Le Jardinier d'amour*, trad. H. Mirabaud Thorens (NRF).

1921 *La Corbeille de fruits*, trad. Hélène du Pasquier (NRF).

1922 *La Fugitive*, trad. Renée de Brimont (NRF).
Poèmes de Kabir, trad. H. Mirabaud Thorens (NRF).

1923 *La jeune lune*, trad. Mme Sturge Moore (NRF).
Cygne, trad. Pierre Jean Jouve (Stock).

1926 *Le Cycle du Printemps*, trad. H. Mirabaud Thorens (Stock).

1930 *Lucioles*, trad. M. Ferté et Amrita (éd. Hogman).

1945 *Chitra et Arjuna*, trad. Amrita (édit. Hogman).

1950 *Kacha et Devayani*, trad. Amrita (édit. Hogman).

Romans

1921 *La Maison et le monde*, trad. F. Roger Cornaz (édit. Payot).

1924 *A quatre voix*, trad. Madeleine Rolland (édit. Kra).
Mashi, trad. Hélène du Pasquier (NRF).

1929 *Le Naufrage*, trad. H. Mirabaud Thorens (NRF).

1961 *Gora*, trad. Marguerite Glotz (édit. Laffont).

248

Prose

1924 *Souvenirs*, trad. E. Pieczynska (NRF).
   Nationalisme, trad. C. G. Bazille (édit. Delpeuch).
   Religion de l'Homme, trad. Tougard de Boismilon (édit. Payot).
   Religion du Poète, trad. Tougard de Boismilon (édit. Payot).
1931 *Lettres à un ami*, trad. Jane Droz Viguié (édit. Rieder).
1946 *Le Prince charmant et quatorze contes*, trad. Amrita (édit. Hogman).
1950 *En ce temps-là*, trad. Amrita (édit. Hogman).
1956 *Sadhana*, trad. Jean Herbert (édit. Maisonneuve).

Théâtre

1924 *Amal et la lettre du Roi*, trad. André Gide (NRF).
1929 *La Machine*, trad. F. Benoît et Chakravarty (édit. Rieder).

DU MÊME AUTEUR

Dans la même collection

LE JARDINIER D'AMOUR, *suivi de* LA JEUNE LUNE. *Préface de Jean-Michel Gardair. Traductions de H. Mirabaud-Thorens et Mme Sturge Moore.*

DERNIÈRES PARUTIONS

Ce volume,
le soixante-dixième de la collection Poésie,
a été achevé d'imprimer sur les presses
de l'imprimerie Bussière à Saint-Amand (Cher),
le 17 janvier 1992.
Dépôt légal : janvier 1992.
1er dépôt légal dans la collection : avril 1971.
Numéro d'imprimeur : 3362.
ISBN 2-07-031788-9./Imprimé en France.

54863